Usos de la psicología positiva

Usos de la psicología positiva

Luz de Lourdes Eguiluz
Coordinadora

Título de la obra: *Usos de la psicología positiva*

Coordinación editorial: Gilda Moreno Manzur
Diagramación: Abigail Velasco Rodríguez, Yessenia Hernández Cruz
Portada: Julieta Bracho-Estudio Jamaica

Av. Cuauhtémoc 1430
Col. Santa Cruz Atoyac
México DF 03310
Tel. 5605 7677
Fax 5605 7600
www.editorialpax.com

Primera edición
ISBN 978-607-9472-75-7

Impreso en México / *Printed in Mexico*

Índice

ÍNDICE

Prólogo

La psicología positiva es el estudio científico del bienestar y de los factores que nos permiten funcionar óptimamente. Su objetivo es investigar y promover el florecimiento humano, es decir, la plenitud y el desarrollo de nuestro potencial, como personas y también como comunidades.

Suele considerarse que la psicología positiva "nació" como movimiento en 1998, cuando Martin Seligman asumió la presidencia de la Asociación Americana de Psicología (APA). Su misión era promover una psicología diferente para el siglo XXI: una psicología más equilibrada que, además de entender y paliar las patologías y las dificultades afrontadas por el ser humano, comprendiera y promoviera su bienestar y sus mejores aspectos.

Christopher Peterson (2006) decía que la psicología positiva tiene una historia corta pero un pasado muy largo, ya que el interés por la felicidad, las virtudes y las fortalezas humanas, el sentido de vida y la resiliencia ha ocupado a filósofos durante siglos y a algunos psicólogos a lo largo de muchas décadas. Lo que caracteriza a la psicología positiva es que investiga estos y otros temas desde una perspectiva científica. Los investigadores utilizan métodos experimentales, pruebas psicométricas, entrevistas cualitativas, mediciones fisiológicas y análisis de "big data" (datos masivos) para entender fenómenos como el bienestar subjetivo y la satisfacción con la vida, las emociones positivas, las fortalezas de carácter, las parejas felices, el bienestar en el trabajo, la consecución de metas, y muchos otros que constituyen "el lado luminoso" de la vida.

En sus inicios, la psicología positiva era, en esencia, un conjunto de hallazgos de investigación, pero cada vez hay mayor interés en sus aplicaciones y el número de estas ha crecido en grado sumo.

Los descubrimientos sobre los factores que contribuyen al bienestar se pueden aplicar en muchos ámbitos, como la educación, la administración de empresas, la orientación psicológica, la psicoterapia y el coaching, el desarrollo comunitario y las políticas públicas, entre otros.

En este libro se muestra la amplitud de temas de estudio de la psicología positiva y de sus muchas aplicaciones. Los autores presentan evidencia empírica sobre el bienestar subjetivo y su relación con la salud física, con el desarrollo óptimo en distintas etapas de la vida y con prácticas que sirven para construir vidas plenas.

En el capítulo 1, Javier Juárez, médico familiar, presenta el concepto de salud positiva y la evidencia de la relación que existe entre el bienestar subjetivo y la respuesta del organismo ante el estrés, así como la relación entre el bienestar y la salud cardiovascular, los procesos metabólicos e inmunológicos y la longevidad.

En el capítulo 2, Luz de Lourdes Eguiluz, académica y reconocida terapeuta familiar y de pareja, continúa con el desarrollo del tema de la salud, al tratarlo desde un ángulo particular y poco conocido: la relación entre la calidad de las relaciones de pareja y la salud de sus integrantes.

En el capítulo 3, Sandra Colín, psicóloga especialista en educación preescolar, nos habla de su trabajo sobre la educación positiva, esto es, la integración de las prácticas escolares tradicionales con el aprendizaje de habilidades para cultivar el bienestar, e ilustra cómo esta puede contribuir a la felicidad de los niños en la primera infancia.

En el capítulo 4, Eugenio Saavedra, Ana Castro y Cristian Varas nos llevan al otro extremo del ciclo vital, al abordar la calidad de vida y la resiliencia en los adultos mayores y compartir los resultados de una investigación sobre el papel que juegan las conexiones sociales para estas personas en Chile.

En el capítulo 5, Raúl Jiménez Guillén retoma el tema de las conexiones sociales de los adultos mayores, en este caso como uno de los componentes centrales del compromiso con la vida, y comparte una investigación que explora dicho compromiso entre un grupo de ancianos de bajos recursos económicos en la ciudad de Tlaxcala, México.

En el capítulo 6, María Luisa Plasencia analiza una de las áreas menos exploradas dentro de la psicología positiva: el cuerpo. La autora comparte evidencias de la importancia del ejercicio físico para el bienestar psicológico y hace una interesante conexión entre las fortalezas de carácter y la práctica deportiva, en especial en las artes marciales.

En el capítulo 7, Jorge Cantero plantea cómo la consciencia plena puede ser un "potenciador" del bienestar y cómo el verdadero optimismo no consiste en una positividad forzada, sino en la capacidad de relacionarnos con nuestras experiencias de nosotros mismos y del mundo tal como son, para escoger cómo queremos vivir.

Varios de los autores que contribuyen a este libro son socios fundadores de la Sociedad Mexicana de Psicología Positiva, que tengo el honor de presidir. Esto hace que para mí sea doblemente grato escribir este prólogo, agradecerles su trabajo y dedicación, y desearle a usted, apreciado lector, que disfrute y aprenda de este libro, como yo lo he hecho al leerlo.

Margarita Tarragona Sáez
Presidenta
Sociedad Mexicana de Psicología Positiva

Capítulo I

Salud positiva. Un nuevo enfoque

Javier Juárez Carreón

Introducción

Mantenerse sano es una meta que la mayoría de las personas busca alcanzar todos los días, sobre todo si relacionan la felicidad con la salud. Por consiguiente, el ideal de casi todos es permanecer saludables durante el transcurso de la existencia. Sin embargo, el aumento constante en los años de vida del ser humano y la complejidad de las sociedades en las que se desarrolla han permitido, por un lado, la aparición de enfermedades crónicas para las cuales la edad es un factor de riesgo, y por otro, el surgimiento de enfermedades peligrosas de alto impacto en la productividad y la calidad de vida en personas relativamente jóvenes, con un estilo de vida inadecuado, pero que resignadamente aceptan como costo de las sociedades modernas.

Las cifras de la Organización Mundial de la Salud (OMS) muestran las posibilidades que los seres humanos tenemos de vivir. En 2012, en el mundo, la esperanza de vida para las mujeres era de 72.7 años y para los hombres de 68.1 años. Además, tomando la edad de 60 años como entrada a la vejez, el panorama que se observa actualmente es que la esperanza de vida, después de los 60 años de edad, es de 18.5 años para los hombres y de 21.5 años para las mujeres (OMS, 2014).

En cuanto a Latinoamérica, de acuerdo con las estimaciones de la Organización Panamericana de la Salud (OPS), en 2016 la esperanza de vida al nacer para los hombres fue de 72.4 años, mientras que para las mujeres fue de 78.8 años (OPS, 2017). Esto quiere decir que los seres humanos nos enfrentamos a la posibilidad real de vivir muchos años más que nuestros abuelos. El reto para todos es hacer que esos años sean dignos de ser vividos, aun cuando se padezca alguna enfermedad. Para lograrlo, es necesario modificar la creencia tan extendida de que uno de los componentes indispensables de la felicidad es estar sano. Se trata, más bien, de aprovechar al máximo nuestras potencialidades físicas, mentales y sociales con objeto de tener una vida digna, de buena calidad y con la que finalmente estemos satisfechos.

El propósito del presente capítulo es abundar sobre los descubrimientos acerca de cómo las emociones, negativas y positivas, influyen en la salud y modifican el desarrollo y pronóstico de muchas enfermedades; mostrar cómo la salud es en realidad un constructo multidisciplinario que, además de un estado, debe ser considerada un proceso que ocurre a lo largo de la vida, y que las sensaciones de bienestar no están necesariamente relacionadas con el estado de salud, sino que pueden seguir dándose a pesar de sufrir una enfermedad.

¿Qué entendemos por salud positiva?

Según la OMS, una persona sana es aquella que alcanza "un estado de completo bienestar físico, mental y social", considerando el hecho de que la sola ausencia de una enfermedad o afección no garantiza la salud ni el bienestar (OMS, 2006). Si bien esta definición ha sido criticada a lo largo de los años, principalmente por considerarla una utopía, tiene la virtud de que coloca a la salud más allá de la simple ausencia de una enfermedad e incluye el bienestar como parte de los elementos que nos hacen estar o sentirnos sanos.

Tradicionalmente, el estado de salud es investigado mediante parámetros que reflejan el funcionamiento biológico; se consideran además otros aspectos relacionados con la capacidad de los sujetos para desempeñar las funciones propias de sus trabajos o posición social. La alteración de las mediciones biológicas es señal de cambios homeostáticos que, en caso de no normalizarse, conducirán a una enfermedad. Las emociones participan en este proceso, y al tomarlas en cuenta, el modelo médico se había enfocado casi exclusivamente en las emociones negativas. El panorama ha cambiado desde hace algunos años, cuando se comenzaron a estudiar las emociones positivas y sus repercusiones como parte de la compleja relación entre la salud y la enfermedad tanto física como mental. Destacados en este terreno, por mencionar solamente a algunos, son Carl Rogers, Abraham Maslow y Aaron Antonofsky, quien acuñó el término *salutogénesis*.

A diferencia del modelo médico para medir la salud, con los dos dominios anotados arriba, la salud positiva considera tres: subjetivo, biológico y funcional, que pueden ser cuantificables y utilizarse en conjunto para medir las condiciones de una persona con alguna afección o en ausencia de ella. Por tanto, el campo de la salud positiva va más allá de la ausencia de enfermedad al considerar, para estudiar el proceso salud-enfermedad, los aspectos subjetivos subyacentes en el bienestar y cómo inciden en las enfermedades, y no sólo en la salud (Seligman, 2008).

De acuerdo con Seligman, dentro de la sensación de bienestar físico positivo se contemplan, en otros aspectos, la sensación de control del individuo sobre su salud, la satisfacción con la vida, las emociones positivas junto con emociones negativas adecuadas, un alto sentido de compromiso y significado.

En el dominio biológico, se toman en cuenta los límites positivos de las funciones fisiológicas y de las estructuras orgánicas, que desde hace mucho tiempo son medibles y señal de buena o mala salud. Nos referimos al índice de masa corporal (IMC), presión sanguínea, temperatura corporal, frecuencia cardiaca y pruebas de laboratorio tales como glucemia en ayunas, examen de orina y biometría hemática. Existen, además, pruebas que son específicas para determinado tipo de padecimiento, por ejemplo, una prueba de esfuerzo en el control de una enfermedad cardiovascular.

En el dominio funcional, se trata de conocer la presencia o ausencia de impedimentos para que la persona pueda afrontar cabalmente las demandas laborales, familiares y sociales (en estas últimas se consideran las labores que haya escogido de forma voluntaria) que su entorno le exige. Se incluye la fortaleza mental, la resistencia y la energía que tenga cada individuo.

Lo ideal es que las personas logren las máximas calificaciones en cada uno de estos tres parámetros, pero el solo hecho de acercarse a tales niveles puede modificar la percepción que los individuos tengan sobre su estado de salud o su enfermedad en caso de que ya exista. Igualmente, el déficit en alguno de estos dominios no impide que en los restantes se pueda lograr un avance, pues si bien están relacionados no necesariamente se afectan en la misma medida todos. Tomados en conjunto, nos brindan un panorama global de la salud del individuo. Cuanto más tiempo permanezcan funcionando lo mejor posible, mayor será el tiempo que dure la salud y se retrasen los eventos físicos, mentales y sociales asociados con la cantidad de años de vida que alcancemos y que podrían provocar una enfermedad.

De esta manera, se considera que mantener una buena salud positiva puede repercutir sobre la longevidad y las complicaciones de una enfermedad. El enfoque de la salud positiva no radica sólo en la recuperación de la salud cuando hay un padecimiento ni en mantenerse en buenas condiciones cuando no existen enfermedades, sino que, consideradas en forma integral estas variables, se abre la posibilidad de afrontar los retos físicos, mentales y sociales que surgen en el transcurso de la vida de una manera diferente y efectiva.

Profundizando un poco más, el objetivo de la salud positiva está en el crecimiento personal, a pesar de los acontecimientos adversos que ocurren en la vida. Por eso considera que la salud es un proceso que nos lleva toda la vida, en el que las mediciones en determinados momentos del estado del organismo no son el único parámetro que se debe considerar. Por otro lado, con el enfoque de salud positiva es posible comprender el hecho de que personas que biológicamente están enfermas puedan, al mismo tiempo, encontrar una vida digna de ser vivida y sentirse satisfechas porque sus circunstancias les han permitido crecer.

Una salud positiva implica, por consecuencia, la utilización de las reservas psicológicas (resiliencia, optimismo, propósito en la vida, etc.), las reservas físicas (la mejor condición física posible de acuerdo con las circunstancias) y las reservas sociales (los grupos sociales en los que podamos apoyarnos) para afrontar los eventos de la vida, y no se trata únicamente de regresar a la homeostasis, sino de crecer positivamente (Compton y Hoffman, 2013). Lo ideal es ir formando nuestras reservas desde pequeños; sin embargo, en todo momento podemos ir acumulando fortalezas. El resultado será una mayor capacidad de afrontar las circunstancias de la vida y, al mismo tiempo, de crecer en el ámbito personal, lo que redundará finalmente en una mejor calidad de vida.

Emociones, enfermedades y salud

Sobre la influencia de las emociones en la salud se ha hablado desde los filósofos griegos. En términos muy generales, todos observamos que las personas alegres, optimistas, satisfechas con la vida, están sanas y se enferman muy poco, mientras que lo contrario sucede con la gente desconfiada, triste o de plano deprimida.

Desde el enfoque patogénico del modelo médico, la enfermedad se ha constituido en el principal motivo de atención para determinar las causas de los diferentes padecimientos y lograr cada vez mejores tratamientos. Sin embargo, lo que es efectivo con las enfermedades agudas e infecciosas, que tienen una etiología identificable, ya no lo es tanto con las enfermedades crónicas, las cuales son multifactoriales y sin una etiología concreta en la mayoría de los casos. Dado el impacto que estas últimas tienen sobre la salud personal y sus repercusiones sociales, las investigaciones se han enfocado a tratar de descubrir los múltiples factores que convergen en una persona y que finalmente desencadenan una enfermedad crónico-degenerativa, así como aquellas características personales y sociales que determinan que un individuo sea susceptible a padecerlas.

Así, desde hace muchos años se ha encontrado una clara relación entre el estrés al que estamos sometidos los seres humanos en la medida que se hacen más complejas nuestras sociedades, y la aparición de diversas enfermedades crónicas, destacando sobre todo las enfermedades cardiovasculares (ECV: hipertensión arterial, cardiopatías isquémicas y eventos cerebrovasculares) y la diabetes mellitus tipo 2 (DM2); ambas tienen una gran repercusión en la economía familiar y de las naciones al ser potencialmente incapacitantes y con complicaciones mortales.

Algunos datos relevantes pueden ilustrar por qué se dedica tanto tiempo y esfuerzo a conocer todo lo que influye en la aparición de las enfermedades antes mencionadas.

Las enfermedades isquémicas del corazón y las enfermedades cerebrovasculares fueron la primera y la segunda causa de muerte en el mundo en 2015 (OMS, 2017); por su parte, en nuestro país, las enfermedades del sistema circulatorio (donde se incluyen los padecimientos antes mencionados) constituyen desde hace varios años la primera causa de mortalidad general, y del total de fallecidos por esta causa en México, en 2016, casi 76% murieron por infarto del miocardio o por hemorragia o infarto cerebral (Instituto Nacional de Estadística y Geografía [INEGI], 2017).

El impacto social, familiar y económico de este grupo de padecimientos cardiacos, junto con el de la DM2 y el cáncer (estos últimos segunda y tercera causa de muerte en México en 2016, respectivamente) (INEGI, 2017), es desde hace varios años muy importante. No es de extrañar que se dediquen tantos esfuerzos a conocer los mecanismos responsables de la asociación entre el estrés –con la cauda de emociones negativas que desencadena cuando no se controla– y las ECV y la DM2 (sin excluir el cáncer, aunque de este último son muy controversiales los hallazgos que relacionan las emociones con su aparición y desarrollo).

Las investigaciones, desde hace años, se han dirigido sobre todo a conocer cómo es que las emociones negativas desencadenadas por el estrés continuo son capaces de modificar el funcionamiento del organismo. Suelen relacionarlo con la aparición de todo tipo de enfermedades que tienen su expresión en diversos órganos pues, además del corazón y el páncreas, se conocen efectos sobre los sistemas urinario, gastrointestinal y dermatológico, sin olvidar sus impactos mentales en la toma de decisiones y la planeación a futuro. Como consecuencia de su relación con un grupo importante de enfermedades, el estrés se ha satanizado como el enemigo público número uno a nivel mundial. Pero en realidad el estrés, en el uso más amplio del término, es un mecanismo de adaptación ambiental que puede resultar lo mismo en una mala adaptación que en una adecuada. El enfoque patogénico estudia las consecuencias de la mala adaptación.

Sin embargo, desde hace varios años, el objetivo de las investigaciones ha virado hacia las características positivas de las personas tratando de comprender cómo es que las emociones positivas mantienen y promueven la salud y tal vez cambian el curso de una enfermedad. Se ha modificado la ruta hacia un enfoque salugénico para estudiar las consecuencias de la adecuada adaptación a las demandas ambientales.

Para la salud positiva ninguno de los mencionados enfoques es excluyente pues se sabe actualmente que las emociones, de la valencia que sean, modifican nuestro estado de salud o el curso de una enfermedad. Para comprender cabalmente esto último hay que mencionar que la psicología positiva considera y estudia las emociones negativas y positivas como dos dominios diferentes e independientes entre sí, a diferencia de la creencia tan extendida de que dichas emociones están cada una en los extremos de una línea continua. Si esto último fuera verdad, bastaría con estudiar y en su caso eliminar los efectos de la negatividad sobre la salud y, en automático, la enfermedad podría llegar a modificarse sustancialmente o incluso curarse sin intervención directa de las emociones positivas, sino por ausencia de las negativas.

Estrés, sistema nervioso, hormonas e inmunidad: el vínculo inevitable

Uno de los rasgos más destacados en nuestra sociedad actual es la rapidez con la que tratamos de hacer prácticamente todo: trabajar, escalar socialmente, relacionarnos con otros y conseguir jerarquías que nos permitan tener estatus social; parecería que la capacidad e importancia de un individuo estuvieran directamente relacionadas con el valor de lo que produce al trabajar y desde qué nivel se relaciona con los demás; las relaciones sociales están fuertemente influidas por el afán de posesión y consumo de satisfactores que significan estatus y la posibilidad de sobresalir socialmente, y para muchas personas, mientras más rápidamente se consigan estos logros, mejor. El solo hecho de pensar en la posibilidad de no conseguir o en su momento perder lo que creemos que nos hace exitosos genera angustia.

Las repercusiones de tal dinámica en nuestra salud y bienestar son altas, entre ellas una elevada posibilidad de padecer enfermedades cardiovasculares, diabetes y tal vez cáncer, ya que en las tres se ha encontrado una clara asociación con el estilo de vida poco saludable (mala alimentación, sedentarismo, adicciones, etc.) que muchos adoptan para ganar la carrera hacia el éxito. La modernidad que vivimos nos impone, sin que nos percatemos de ello muchas veces, aceptar el estrés crónico como la norma, y sufrir sus consecuencias.

El estrés de las épocas más antiguas tenía un objetivo casi siempre bien definido y una terminación a corto plazo. Pero en las sociedades humanas modernas carece casi siempre de una causa definida y por lo mismo el individuo permanece estresado por largo tiempo sin una resolución completa. Es más, a veces podemos conocer la causa (un mal jefe, una paga insuficiente, por ejemplo), pero no podemos hacer nada, y el estrés continúa.

Al estar bajo presión, se generan cambios fisiológicos y conductuales, y para comprender esta relación, la etimología de la palabra *emoción* nos da la pauta para entender la influencia de las emociones sobre los sistemas orgánicos, pues el significado es "movimiento". Cuando surge una emoción, de cualquier valencia, el organismo se mueve (se modifica) para adaptarse a las circunstancias que acaban de aparecer. Se comprende, entonces, que cualquier alteración en el ambiente interno o externo de un ser vivo es estrés y lo impulsa a modificar sus patrones fisiológicos y conductuales. El fin último de las emociones es la sobrevivencia mediante las adaptaciones pertinentes al ambiente.

Un modelo muy básico de la cadena de cambios que se suceden cuando aparece una situación estresante para la persona es el siguiente: el estrés puede ser orgánico debido a una lesión en un órgano o una estructura del cuerpo o bien psicológico por un pensamiento o sentimiento. De hecho, pueden coexistir ambos, ya que cualquier sensación de un posible daño causa una emoción. La señal es clara: hay un daño (tal vez sólo potencial) al organismo y es necesario defenderlo. Se estimula el sistema nervioso central para que las glándulas que conforman el llamado eje hipotálamo-hipófisis-adrenal liberen las hormonas del estrés, que son varias pero las más conocidas son el cortisol y la adrenalina.

El proceso es el siguiente:

- Se activa el sistema nervioso autónomo, principalmente las vías simpáticas que son las encargadas de mantener el estado de alerta.
- Se liberan sustancias que promueven una respuesta inflamatoria, la cual es necesaria para activar el sistema inmune (con el fin de prevenir el potencial ingreso de un patógeno a la sangre, y reparar el posible daño que hayan sufrido los tejidos).
- Para que ocurra una movilización celular óptima, aumentan la frecuencia cardiaca, la respiratoria y la presión arterial, todo ello con objeto de aumentar la oxigenación, velocidad y fuerza de la circulación sanguínea que transporta las células inmunitarias y las hormonas que mantienen este proceso.
- De forma simultánea ocurren otros cambios; por ejemplo, hay aumento de la glucosa sanguínea pues el gasto energético de los fenómenos hasta aquí descritos es alto y hay que reponerlo de manera constante.
- Cuando se terminan las señales de daño, el cerebro activa las vías parasimpáticas del sistema nervioso autónomo y ahora se liberan sustancias antiinflamatorias que van a detener los cambios que hemos descrito.

Todos los cambios que se desencadenan por el estrés se retroalimentan entre sí mientras no haya una señal en contra; por esta razón, si el estrés continúa, los sistemas seguirán respondiendo literalmente hasta el cansancio, dejando al final al organismo sin protección adecuada. A veces el supuesto daño está en nuestra mente, y de todas formas el organismo responderá como se ha descrito.

Así pues, el estrés es un mecanismo de protección contra un posible daño al cuerpo y desencadena cambios que buscan preservar nuestra vida. Es un mecanismo excelente y muy útil cuando el desencadenante es una situación que podemos afrontar con seguridad (quizá hasta nosotros hayamos escogido el factor estresante, como cuando competimos en una carrera o concursamos por un puesto laboral), ya que mantiene a los sistemas inmune, nervioso y endocrino bien capacitados para responder con rapidez y eficiencia. En este caso, los sistemas involucrados en la respuesta fisiológica vuelven rápidamente a un estado basal para su recuperación.

Afirmar que las emociones negativas y positivas son dos dimensiones diferentes e independientes entre sí implica que los mecanismos fisiológicos que desencadenan también pueden ser distintos. Desde hace varios años, se ha realizado una infinidad de estudios que intentan dilucidar el efecto que ejercen los aspectos subjetivos como el afecto positivo, el bienestar, el optimismo, las relaciones sociales, y el sentido de propósito en la vida, entre otros, sobre la salud, la enfermedad y la longevidad, así como sus posibles mecanismos de acción.

El bienestar modifica la respuesta del organismo a demandas ambientales

Pressman y Cohen (2005) mencionan que el afecto positivo podría modificar la aparición y el curso de las enfermedades por dos caminos: una vía directa, en la que las personas con afecto positivo tienden a adquirir hábitos saludables, buscar redes sociales positivas para formar parte de ellas, con lo que disminuiría la secreción de las llamadas hormonas del estrés y también cambiaría la actividad del sistema nervioso autónomo. La vía indirecta, por su parte, actuaría aminorando los efectos de los eventos estresantes, mediante más y mejores respuestas de afrontamiento y una mayor resiliencia, construidas a partir del afecto positivo y utilizadas en el momento que se requieran. Esta última vía está en concordancia con la teoría de la ampliación y construcción de las emociones positivas de Barbara Fredrickson (2009).

Como mencionamos en la introducción, las personas con más emociones positivas que negativas tienden a estar sanas y viceversa; sin embargo, a pesar de la dirección hacia donde apuntan las investigaciones, persiste la duda de si el efecto de las emociones positivas se da porque las personas tienen menos emociones negativas como característica propia o es independiente de los aspectos negativos de los individuos; igualmente, vale preguntarse si la salud y la resistencia a las enfermedades que tienen algunas personas es consecuencia de sentir un mayor número de emociones positivas o viceversa: que el hecho de estar sanos es lo que provoca su estado emocional positivo. Lo mismo se preguntan los investigadores sobre las emociones negativas y la enfermedad.

Cohen *et al.* (2006) investigaron la influencia de las emociones positivas en la aparición de resfriados. A un grupo de voluntarios adultos les inocularon rinovirus o virus de la influenza A indistintamente. Dos semanas previas a la inoculación, se investigó su estilo emocional para clasificarlo como positivo o negativo. Encontraron que aquéllos con estilo emocional positivo (medido por vigor, bienestar y calma) mostraron mayor resistencia a presentar un cuadro infeccioso y a reportar menor cantidad de síntomas relacionados. Al controlar las variables, encontraron que este efecto fue independiente de la presencia de un estilo emocional negativo (depresión, ansiedad y hostilidad). Es decir, que las emociones positivas tuvieron un efecto en la salud por sí mismas y no sólo por la ausencia de emociones negativas.

Las evidencias son crecientes respecto al impacto del bienestar subjetivo sobre la salud, y en un metaanálisis de 150 estudios experimentales, ambulatorios y longitudinales sobre esta relación (Howell, Kern y Lyubomirsky, 2007), encontraron además que el impacto positivo sobre la salud era a corto y largo plazos, e independiente de las emociones negativas.

Para dilucidar qué sucede en el organismo cuando existe un tipo de emoción predominante, han aumentado las investigaciones para buscar los mecanismos biológicos subyacentes en los efectos del bienestar sobre la salud. Se piensa que podrían ser vías metabólicas diferentes o bien que se comparte una misma vía pero con efectos distintos. Ejemplo de esto último es el hallazgo de que un alto sentido de autonomía personal se relacionó con elevación de noradrenalina, una de las hormonas secretadas ante el estrés (Ryff *et al.*, 2004); dado que la autonomía es una característica del bienestar eudaimónico, llama la atención que provoque la activación del sistema nervioso simpático, responsable de la liberación de las hormonas del estrés, por lo que es necesario estudiar cuál es la diferencia entre unos niveles que significan desregulación y otros que tienen efectos saludables.

También se han considerado las mediciones de otros marcadores biológicos de los sistemas activados por una situación estresante. Por ejemplo, se encontró que el bienestar y el afecto positivo se relacionan con una menor actividad inflamatoria, al disminuir la presencia de IL-6 y proteína C reactiva, dos de los indicadores de procesos inflamatorios –y relacionado este último con padecimientos cardiovasculares cuando se eleva–, así como con una mayor competencia inmunitaria al aumentar la efectividad de las células asesinas naturales (células NK, por sus siglas en inglés) y un número más elevado de anticuerpos (Ryff *et al.*, 2004) (Dockray y Steptoe, 2010). Curiosamente, se informó de una asociación inversa entre la producción de IL-6 y el afecto positivo, detectada exclusivamente en mujeres (Fredrickson *et al.*, 2013).

La disminución en la secreción de cortisol medida en la saliva, junto con una disminución en la respuesta del fibrinógeno (proteína que interviene en la coagulación de la sangre y por ende en la posibilidad de sufrir embolias o trombosis), y una baja de la frecuencia cardiaca durante el día son los cambios vinculados con una mayor felicidad observados en un estudio de 116 hombres y 100 mujeres entre 47 y 59 años de edad, habitantes de Londres y sin historia de hipertensión arterial ni enfermedad coronaria (Steptoe y Wardle, 2005). Estos efectos se mantuvieron en un seguimiento de tres años y fueron independientes de edad, sexo, tabaquismo, nivel socioeconómico, IMC y distrés psicológico.

Estudios recientes muestran cambios genéticos en personas con bienestar positivo que podrían explicar que el bienestar influye en el sistema inmune no sólo al modificar el proceso inflamatorio que acompaña al estrés, sino también al promover cambios a nivel molecular. Es más, se han encontrado diferencias entre los efectos del bienestar hedónico, caracterizado por experiencias de felicidad y satisfacción inmediatas y de corta duración, y el bienestar eudaimónico, que se distingue por la realización del potencial individual a lo largo de la vida. El bienestar positivo modificaría la expresión de los genes relacionados tanto con el inicio y el mantenimiento de la inflamación como con la expresión de anticuerpos más efectivos y numerosos (Fredrickson *et al.*, 2013; Kim, 2016), y al parecer, el bienestar eudaimónico desencadena una respuesta de mejor calidad fisiológica.

Enfermedades cardiovasculares, el flagelo moderno

Podemos decir que el detonante para el estudio de la relación entre el estrés, la salud y la enfermedad es, como muestran las estadísticas mencionadas, un vínculo muy claro con las enfermedades cardiovasculares, primera causa de mortalidad a nivel mundial y primera o segunda causa en muchos países, incluido México. Sin embargo, antes de causar la muerte, las secuelas que padecen las personas afectadas por alguna enfermedad de este grupo son incapacitantes y repercuten en la vida social y personal alterando y disminuyendo la calidad de su vida, lo mismo que su productividad.

El costo económico de la atención a estos enfermos es muy alto para cualquier sistema médico en todos los países, así que no es raro que se emprendan cada vez más investigaciones encaminadas a buscar los factores que inciden en las ECV susceptibles de prevenirse. Son bien conocidos los factores psicosociales negativos tales como aislamiento, baja sensación de propósito en la vida y escaso apoyo social, además de los estados mentales negativos como ansiedad, pesimismo, hostilidad, entre otros, sin dejar de mencionar las conductas poco saludables como la inactividad física y el tabaquismo.

Sin embargo, de unos años a la fecha, los investigadores se han enfocado en los efectos que tienen sobre el funcionamiento cardiovascular, tanto de los ya enfermos como de los individuos sanos, las contrapartes positivas de los factores mencionados, como el apoyo social positivo, la sensación elevada de propósito en la vida, la presencia de emociones positivas en mayor número que las negativas, el optimismo, el ejercicio y un adecuado manejo del estrés. La tendencia actual es hacia intervenciones conductuales para favorecer el desarrollo de los aspectos positivos que ayudan a mantener la salud o a evitar las complicaciones una vez presentada la enfermedad, acuñándose expresiones como *salud cardiovascular* o *cardiología conductual* (Tajer, 2012) (Rozanski, 2014*a*).

En un estudio prospectivo, se investigó la relación entre optimismo disposicional y la aparición de insuficiencia cardiaca entre adultos con una media de 70 años de edad, sin enfermedades cardiacas al inicio de la investigación, a los que se les siguió por cuatro años (Kim, 2014). Encontraron una relación dosis-respuesta entre el optimismo y la probabilidad de sufrir insuficiencia cardiaca; a mayor optimismo, aparecía una disminución uniforme del riesgo de enfermedad en los análisis estadísticos. Esta asociación se alteró de forma mínima al ajustar los factores negativos (ansiedad, depresión y hostilidad) que se han relacionado con la aparición de trastornos cardiovasculares.

La creciente cantidad de evidencia sobre la asociación entre atributos positivos y un efecto benéfico en el sistema cardiovascular, tanto en pacientes sanos como en enfermos, ha sido objeto de análisis por parte de varios autores que plantean la necesidad de agregar los aspectos subjetivos del bienestar al arsenal tradicional para prevenir o disminuir efectos nocivos de las ECV (DuBois *et al.*, 2012) (Rozansky, 2014b) (DuBois *et al.*, 2015), sobre todo porque los hallazgos muestran que los efectos del bienestar son independientes de los atributos negativos. Por su parte, Labarthe *et al.* (2016) encuentran un crecimiento paralelo con el paso del tiempo entre la salud positiva y la salud cardiovascular, y plantean la posibilidad de enriquecer conjuntamente ambas disciplinas al complementar el modelo PERMA (por sus siglas en inglés) de la psicología positiva con mediciones objetivas del funcionamiento biológico y estudiar en cardiología los aspectos positivos, sobre todo el optimismo, como una variable que hay que considerar en la prevención y el manejo adecuado de las enfermedades cardiacas.

Tal posición es relevante dado el enorme costo económico de la atención que requieren los enfermos el resto de su vida y el hecho de que, a pesar de los avances tecnológicos y farmacológicos para el tratamiento de estos padecimientos, persisten los factores de riesgo psicosocial (tabaquismo, obesidad, estrés mal controlado, etc.) y a que tal vez se está a punto de llegar al tope del efecto de las medidas conductuales y medicamentosas tradicionales, en tanto que los ejercicios para la adquisición y conservación de rasgos positivos en las personas son relativamente sencillos, fáciles de aprender y de muy bajo costo (Fihn, 2014).

Efectos sobre el pronóstico y desarrollo de las enfermedades, la mortalidad y la longevidad

Una de las preguntas que precisan una respuesta es la relativa a si el estilo emocional positivo puede modificar el desarrollo de una enfermedad, alterando de esta manera su pronóstico a corto y largo plazos. Esto es importante cuando se trata de padecimientos con alto impacto en la salud física y emocional de los pacientes, pues algunos de ellos los obligan a hacer grandes cambios en su estilo de vida.

Uno de dichos padecimientos es la insuficiencia renal crónica, que en sus etapas más avanzadas obliga a que el sujeto inicie una terapia de sustitución de las funciones renales mediante la hemodiálisis. Los ingresos hospitalarios por complicaciones son un parámetro negativo acerca del pronóstico de la enfermedad.

En un estudio llevado a cabo en España (Morales García *et al.*, 2011), se incluyeron 239 pacientes con una edad media de 64.8 años, de los cuales poco más de 60% fueron hombres. Todos los pacientes estaban en tratamiento con hemodiálisis. Se les categorizó de acuerdo con el optimismo o pesimismo disposicional que presentaban. El estudio mostró que los pacientes pesimistas tuvieron un riesgo más elevado de admisiones hospitalarias por complicaciones independientemente de su edad, sexo y tiempo con hemodiálisis, así como una calificación de su calidad de vida baja en comparación con los optimistas. Esto puede deberse a que el pesimista tiende a ver los problemas como definitivos, por lo que su perspectiva a largo plazo le hace ver malos resultados de su enfermedad en el futuro y eso limita su abanico de posibilidades de afrontamiento del problema.

En otro estudio realizado por Millstein *et al.* (2016), se investigó a 156 pacientes que habían sufrido un síndrome coronario agudo (infarto del miocardio o angina de pecho inestable), que se caracteriza por la reducción del flujo sanguíneo en las arterias coronarias. El objetivo era conocer los efectos del optimismo y la gratitud sobre la adherencia a las indicaciones médicas y el bienestar a las dos semanas y seis meses posteriores al cuadro agudo. Encontraron que ambas características positivas se relacionaron con una mayor observancia del tratamiento médico (ejercitarse regularmente, dieta adecuada, toma de medicamentos apegada al esquema y disminución del estrés), medida mediante autorreporte, a las dos semanas del evento, y seis meses después. Se registró una mejoría en su estado emocional, efecto notoriamente independiente de estados psicológicos negativos como ansiedad y síntomas de depresión presentes en los sujetos.

El efecto del bienestar emocional positivo sobre las enfermedades se detectó en varios estudios más. En un metaanálisis de 17 investigaciones sobre el tema, se encontró que el bienestar positivo está favorablemente relacionado con el pronóstico de una enfermedad física y que los pacientes con un elevado bienestar emocional tienen mejores tasas de recuperación y supervivencia que los de bajo bienestar emocional (Lamers *et al.*, 2012).

La longevidad sería uno de los resultados más deseados en todos los casos, sobre todo si se desea vivir esos años en las mejores condiciones físicas y mentales. Así que se está buscando conocer si las emociones tienen repercusión en los años de vida y en las causas de muerte.

En un estudio considerado clásico, se leyeron los textos autobiográficos que 180 monjas católicas habían escrito a los 22 años de edad, al ingresar al convento; se les clasificó de acuerdo con el tono emocional positivo o negativo de sus cartas y se relacionó con su supervivencia de los 75 a los 95 años de edad. Se encontró una asociación inversa entre el contenido emocional positivo de sus cartas y su riesgo de morir, de tal manera que a mayor positividad plasmada en su autobiografía, menor era la mortalidad entre esas monjas. Dicho de otra forma, las emociones positivas que influyeron en la redacción de sus cartas repercutieron en más años de vida (Danner *et al.*, 2001).

Chida y Steptoe (2008) realizaron un metaanálisis de 54 estudios observacionales de poblaciones sanas y enfermas para explorar lo que se conocía de la relación entre bienestar positivo y mortalidad. Encontraron que las personas con mayor bienestar positivo tuvieron 18% menor mortalidad por todas las causas. Cuando se analizaron los estudios que relacionaban el bienestar subjetivo con algunas enfermedades, se halló que la reducción fue de 26% en la mortalidad por enfermedades cardiovasculares, de 23% en pacientes con insuficiencia renal y de 24% en pacientes con virus de inmunodeficiencia humana (VIH). No obstante, estas cifras se modificaban en los pacientes que padecían cáncer o enfermedades cardiovasculares al iniciar los estudios que los incluían. De nuevo, las asociaciones entre el bienestar psicológico positivo y la mortalidad fueron independientes del afecto negativo.

Se hizo una revisión por metaanálisis de siete tipos de estudio que relacionan bienestar subjetivo con salud y longevidad, y se encontró que en poblaciones sanas el bienestar subjetivo influye en la longevidad, pero no hay datos convincentes que permitan afirmar que lo mismo sucede con otros tipos de enfermedades, entre ellas el cáncer (Diener y Chan, 2011).

Recursos para la salud

Las evidencias reunidas hasta la fecha apuntan hacia una relación entre los estilos positivos y una mejor salud, más longevidad y en general una mejor respuesta ante algunos padecimientos, varios de ellos de trascendencia en la vida de las personas. Aunque aún falta por conocer totalmente las vías biológicas que siguen las emociones positivas para ejercer su efecto, va quedando claro que su influencia es independiente de los estilos negativos que pueda tener una persona, confirmando poco a poco que efectivamente las emociones positivas y las emociones negativas son dominios diferentes entre sí y cada una tiene su propio camino de acción.

Es por esto que han comenzado a aparecer, desde hace pocos años, investigaciones que intentan conocer si es posible aumentar la positividad en las personas, ya sea en alto riesgo de contraer una enfermedad o bien para que su convalecencia y recuperación de un evento inesperado sea adecuada y rápida. Algunos investigadores comenzaron a utilizar intervenciones de psicología positiva para aumentar las herramientas que los pacientes puedan utilizar en su beneficio.

Un estudio realizado en Irán reclutó pacientes a los que se les había realizado un procedimiento cardiovascular y se formaron un grupo de control sin intervención y tres con intervenciones de psicología positiva en sesiones semanales por seis semanas. A los grupos de intervención se les asignaron ejercicios tomados de la literatura y adaptados a la población iraní. Los resultados mostraron que los grupos intervenidos tuvieron una notable mejoría en felicidad, esperanza y depresión a las 15 semanas en comparación con el grupo control (Nikrahan *et al.*, 2016). A pesar de tratarse de un grupo pequeño de pacientes, puede servir como ejemplo de la posibilidad que se abre para incluir las técnicas de psicología positiva en la búsqueda de una mejor recuperación y, a fin de cuentas, una mejor calidad de vida aun con padecimientos.

También son motivo de investigación diversas técnicas y actividades accesibles para todas las personas y en las que se ha descubierto, además, que tienen relación con una salud positiva.

Tay *et al.* (2013) encontraron en un metaanálisis sobre relaciones sociales que éstas estaban asociadas con mejores prácticas de autocuidado, disminución de las ideas suicidas y actos de autolesión. Hay evidencia de que existe una relación entre el apoyo social y la disminución de la mortalidad, así como un mejor pronóstico de las ECV. En cuanto al cáncer, no hay datos concluyentes. La ausencia de relaciones sociales conduce a un mal autocuidado en enfermedades crónicas y a una mala evolución de las ECV.

Encontrar sentido a lo que nos sucede en la vida es importante, porque nos brinda una percepción de coherencia ante los sucesos que enfrentamos y nos permite crecer después de un evento traumático o crecer como respuesta a una situación estresante, encontrando en todo ello un propósito para nuestra vida. Las investigaciones sobre este tema indican que el significado y el propósito en la vida están relacionados con una mejor percepción de salud entre pacientes con enfermedades cardiacas, cuidadores de enfermos de cáncer y voluntarios, así como una mejor salud física en general. Se descubrió también una reducción de la mortalidad general y un riesgo disminuido de sufrir derrames cerebrales (Kim *et al.*, 2013) (Roepke *et al.*, 2014) (Cohen *et al.*, 2016).

Los paseos por zonas boscosas, en tierras de cultivo, en fin, llegar a sitios donde podemos estar en contacto con la naturaleza y relajarnos, se ha relacionado con mejoras en la salud, y aunque aún se desconocen los mecanismo subyacentes, el contacto con la naturaleza nos brinda también una mejoría en nuestra salud, así como resistencia a las enfermedades, un mejor control de impulsos que en un momento dado nos ayuda a adquirir conductas saludables y un mejor funcionamiento del sistema nervioso parasimpático, que podría actuar como amortiguador del estrés (Kuo, 2015).

Conclusiones

Aún falta mucho por investigar acerca del proceso de salud-enfermedad. Los seres humanos estamos cada vez más expuestos a enfermarnos, pues paradójicamente nuestras sociedades actuales nos han alejado de las actividades que tradicionalmente relacionábamos con buena salud y felicidad. Los espacios para tomarse un descanso, para la reflexión, para relajarse, están lejos de nosotros, ya sea lejanos físicamente o lejanos por el poco tiempo que les podemos dedicar.

Los riesgos que atentan contra nuestra salud siguen ahí, a pesar de los avances científicos que nos ayudan a tener una vida más saludable.

Además de estas limitaciones, las posibilidades de vivir muchos años siguen aumentando, lo que nos coloca frente a la eventualidad de llegar a la vejez y nos plantea la interrogante sobre cómo queremos vivir los años en los que la vitalidad está a tope sin comprometer con algún padecimiento o limitación las últimas etapas de nuestra vida.

Los estudios sobre el bienestar, cada vez más rigurosos a pesar de la dificultad para definir el tipo de bienestar que queremos cultivar, nos muestran sin lugar a dudas que el tener un bienestar subjetivo es una herramienta poderosa para seguir creciendo pese a las circunstancias de la vida.

La salud positiva toma toda la historia de los investigadores que se fijaron en las características positivas de las personas para lograr las metas de salud y bienestar a las que todos tenemos derecho y las fundamenta con investigaciones serias que nos permiten saber que, si bien la salud es un ideal, no podemos pensar sensatamente que nunca la vamos a perder.

La sensación de bienestar, en el más amplio sentido del término, es la clave para adquirir, reforzar y utilizar los aspectos positivos que tenemos, además de que nos abre la posibilidad de aprenderlos.

Para ser feliz y sentirse bien y satisfecho con la vida es ideal estar sano pero, si por alguna causa no nos es posible, la salud positiva nos muestra que podemos crecer y florecer a lo largo de nuestra existencia.

Referencias

Chida, Y. y A. Steptoe (2008), "Positive psychological well-being and mortality: a quantitative review of prospective observational studies", *Psychosomatic Medicine*, núm. 70, pp. 741-756.

Cohen, S., C. M. Alper, W. J. Doyle, J. J. Treamer y R. B. Turner (2006), "Positive Emotional Style Predicts Resistence to Illnes After Experimental Exposure to Rhinovirus or Influenza a Virus", *Psychosomatic Medicine,* núm. 68, pp. 809-815.

Cohen, R., Ch. Bavishi y A. Rozanski (2016), "Purpose in Life and its Relationship to All-Cause Mortality and Cardiovascular Events: A Meta-Analysis", *Psychosomatic Medicine*, núm. 78, pp. 122-133.

Compton, W. C. y E. Hoffman (2013), "Positive Health", en *Positive Psychology: The Science of Happiness and Flourishing*, Cengage Learning, Belmont.

Danner, D. D., D. A. Snowdon y W. V. Friesen (2001), "Positive Emotions in Early Life and Longevity: Findings from the Nun Study", *Journal of Personality and Social Psychology*, núm. 80, vol. 5, pp. 804-813.

Diener, E. y M. Y. Chan (2011), "Happy People Live Longer: Subjective Well-Being Contributes to Health and Longevity", *Applied Psychology: Health and Well-Being*, núm. 3, vol. 1, pp. 1-43.

Dockray, S. y A. Steptoe (2010), "Positive affect and psychobiological processes", *Neuroscience and Biobehavioral Reviews,* núm. 35, pp. 69-75.

Du Bois, C. M., S. R. Beach, T. B. Kashdan, M. B. Nyer, E. R. Park, C. M. Celano y J. C. Huffman (2012), "Positive Psychological Attribute and Cardiac Outcomes: Association, Mechanisms, and Interventions", *Psychosomatics,* núm. 53, pp. 303-318.

_______, L. O. Vesga, E. E. Beale, B. C. Healy, J. K. Bohen y J. C. Huffman (2015), "Relationships between positive psychological constructs and health outcomes in patients with cardiovascular disease: A systematic review", *International Journal of Cardiology*, núm. 195, pp. 265-280.

Fihn, S. D. (2014), "Bending the Curve of Cardiovascular Risk", *JAMA Internal Medicine,* núm. 174, vol. 1, pp. 48-49.

Fredrickson, B. L. (2009), *Vida positiva. Cómo superar las emociones negativas y prosperar,* Norma, Colombia.

_______ *et al.* (2013), "A functional genomic perspective on human well-being", *PNAS Early edition*. Disponible en: www.pnas.org/cgi/doi/10.1073/pnas.1305419110

Howell, R. T., M. L. Kern y S. Lyubomirsky (2007), "Health benefits: Meta-analytically determining the impact of well-being on affective health outcomes", *Health Psychology Review,* núm. 1, vol. 1, pp. 83-136.

Instituto Nacional de Geografía y Estadística (2017). Disponible en: www.inegi.org.mx/lib/olap/consulta/general_ver4/MDX QuerryDatos_asp?#Regreso&=, consultado el 30 de noviembre de 2017.

Kim, E. S., J. Smith y L. D. Kubzanzki (2014), Prospective Study of the Association Between Dispositional Optimism and Incident Heart Failure, *Circ. Heart Fail,* (7):394-400.

________, J. K. Kun, N. Park y C. Peterson (2013), "Purpose in life and reduced stroke in older adults: The health and retirement study", *Journal Psychosomatic Reponses*. Disponible en: http://dx.doi.org /10.1016/j.psychores.

Kim, D., *et al.* (2016), "Psychological factors and DNA methylation of genes related to immune inflammatory system markers: The VA Normative Aging Study", BMJ Open, 6:e009790.

Kuo, M. (2015), "How might contact with nature promote human health? Promising mechanisms and a possible central pathway", *Front Psychology*, núm. 6, p. 1093, doi:10.3389/fpsyg.2015 .01093.

Labarthe, D. R., L. Kubzansky, J. Boehm, D. Lloyd-Jones, J. Berry y M. Seligman (2016), "Positive Cardiovascular Health. A Timely Convergence", *Journal of Américan Collage of Cardiology,* núm. 68, vol. 8, pp. 860-867, ISSN 0735-1097, http://dx.doi.org/10.1016/j.jacc.2016.03

Lamers, S. M. A., M. Bolier, G. J. Westerhof, F. Smith y E. T. Bohlheimer (2012), "The impact of emotional well-being on long-term recovery and survival in physical illness: a meta-analysis", *Journal of Behavior Medicine*, núm. 35, pp. 538-547.

Millstein, R. A., *et al.* (2016), "The effects of optimism and gratitude on adherence, functioning and mental health following an acute coronary syndrome", *General Hospital Psychiatry*, núm. 43, pp. 17-22.

Morales García, A. I. *et al.* (2011), "Dispositional optimism in patients on chronic haemodyalisis and its posible influence in their clinical course", *Nefrology,* núm. 31, vol. 2, pp. 199-205.

Nikrahan, G. R. *et al.* (2016), "Positive Psychology Interventions for Patients with Heart Disease: A Preliminary Randomized Trial", *Psychosomatics,* núm. 57, pp. 348-358.

Organización Mundial de la Salud (2006), "Constitución". Disponible en: www.who.int/governance/eb/who_constitution_sp.pdf, consultado el 28 de noviembre de 2017.

_______ (2014), "Estadísticas sanitarias mundiales 2014". Disponible en: http://apps.who.int/iris/ bitstream/ handle/10665/131953/9789240692695_spa.pdf?sequence=1

_______ (2017), "Las 10 principales causas de defunción". Disponible en: www.who.int/mediacentre/ factsheets/fs310/es

Organización Panamericana de la Salud (2017), Situación de la salud en las Américas. Indicadores básicos. Disponible en: núm.http://www.paho.org/data/index.php/es/?option=com_content&view=article&id=515:indicadoresviz&Itemid=0

Pressman, S. D. y S. Cohen (2005), "Does Positive Affect Influence Health?", *Psychological Bulletin*, núm. 131, vol. 6, pp. 925-971.

Roepke, A. M., E. Jayawickreme y O. M. Riffle (2014), "Meaning and Health: A Systematic Review", *Applied Research Quality Life*, núm. 9, pp. 1055-1079.

Rozanski, A. (2014*a*), "Behavioral Cardiology. Current Advances and Future Directions", *Journal American Coll Cardiology,* núm. 64, vol. 1, pp. 100-110.

Rozanski, A. (2014*b*), "Optimism and Other Sources of Psychological Well-Being. A New Target for Cardiac Disease Prevention", *Circ Heart Fail,* núm. 7, pp. 385-387.

Ryff, C. D., B. H. Singer y G. D. Love (2004), "Positive health: connecting well-being with biology", *Phil Trans R Soc Lond B*, núm. 359, pp. 1383-1394.

Seligman, M. E. P. (2008), "Positive Health", *Applied Psychology Int Review*, núm. 57, pp. 3-18.

Steptoe, A., y J. Wardle (2005), "Positive affect and biological function in every day life", *Neurobiology of Aging*, núm. 26, pp. 108-112.

Tajer, C. D. (2012), "Alegría del corazón. Emociones positivas y salud cardiovascular", *Revista Argentina de Cardiología,* núm. 80, pp. 325-332.

Tay, L., K. Tan, E. Diene y E. González (2013), "Social Relations, Health Behaviors, and Health Outcomes: A Survey and Synthesis", *Applied Psychology: Healh and Well-Being*, núm. 5, vol. 1, pp. 28-78.

Capítulo 2

Relaciones de pareja y su impacto en la salud

Luz de Lourdes Eguiluz Romo

Introducción

Abordar las relaciones de pareja, el amor y el bienestar, la infidelidad y los celos, nos remite a examinar estos temas desde diferentes disciplinas científicas, lo que da una idea de la importancia que tienen para el ser humano. En este capítulo analizaremos la importancia de las relaciones humanas, cómo las relaciones construidas entre las personas pueden ser causa de bienestar y cómo también estas mismas relaciones pueden provocar sentimientos negativos que, de sostenerse, llevan a enfermar físicamente a los individuos que las viven.

Hasta finales del siglo XX no se contaba con evidencias científicas que pudieran avalar la estrecha relación entre las emociones y la salud del cuerpo, pero en la actualidad, gracias a las aportaciones de la neuropsicología y la psicología positiva, podemos asegurar que efectivamente el cuerpo y el espíritu no son entidades ajenas sino que forman una unidad interconectada, lo que implica también que se afectan de manera recíproca. Algo que ya había planteado el antropólogo y científico social Gregory Bateson (2004) en su libro *Espíritu y naturaleza*, en el que contradice con evidencias las ideas del filósofo racionalista francés del siglo XVI René Descartes, quien proponía la separación clara y tajante entre el cuerpo y el alma o espíritu.

Desde la Prehistoria, los seres humanos aprendieron a asociarse para poder sobrevivir y contrarrestar las fuerzas de la naturaleza, como luchar contra animales más grandes y poderosos que ellos. En un momento reciente en la larga historia de la Humanidad, a finales del siglo XVIII y durante el XIX ocurrieron sucesos y se desarrollaron ideas que provocaron grandes transformaciones en las sociedades de esa época, algunas que incluso han perdurado hasta nuestros días. Mencionemos algunas:

1. La Declaración de los Derechos del Hombre y el Ciudadano, aprobada por la Asamblea Constitutiva de Francia en 1789, documento fundamental para la Revolución Francesa, la abolición de la esclavitud y los derechos de las mujeres que fueron aprobados en la Convención Nacional de febrero de 1794. Estos cambios promovidos por el Parlamento francés sirvieron de caldo de cultivo para que pudiera ocurrir una transformación en la conciencia de los hombres y las mujeres de esos siglos.

2. A mediados del siglo XIX se publicó el libro *El origen de las especies*, en el que el naturalista y geólogo inglés Charles Darwin (1809-1882) narra los descubrimientos realizados durante un viaje que duró poco más de cinco años, cuyo objetivo era estudiar la flora y la fauna existentes en distintos lugares del mundo. Uno de los puntos medulares de su teoría evolutiva es la idea del origen común de las especies y el proceso de selección natural mediante la adaptación de los organismos al medio físico en el que se desarrollan. Las ideas expuestas por Darwin chocaron con las propuestas tradicionales de la Iglesia católica, lo que impactó sobre el gran poder que había ido adquiriendo la Iglesia. Darwin causó una mayor controversia con lo expuesto en otro de sus libros: *El origen del hombre y la selección en relación al sexo,* en el cual y con base en las ideas de la evolución, habla del *Homo sapiens* para referirse al ser humano contemporáneo. Rompe con la idea de que el ser humano fue creado por voluntad de Dios, para colocarlo como un producto de la evolución biológica.

3. Las ideas de Karl Marx y Friedrich Engels, padres del socialismo científico. Marx (1818-1883), reconocido como uno de los hombres más sabios del pensamiento moderno, de origen judío, nacido en Prusia, Alemania, abarcó varias ciencias como la filosofía, la economía y la sociología, además de ser periodista y militante comunista. Fundador del materialismo histórico, sostenía que todas las sociedades podían avanzar por medio de la dialéctica de la lucha de clases, defendió siempre a la clase proletaria (los trabajadores) a quienes consideraba oprimidos por la clase burguesa (los dueños de los instrumentos de producción). El también filósofo y economista Friedrich Engels (1820-1895) habla en su libro *El origen de la familia, la propiedad privada y el Estado* sobre la necesidad de los seres humanos de asociarse, para defenderse y proteger a su descendencia. Sin embargo, mucho faltaba aún por explicar sobre la vida y las relaciones humanas, así como sobre el origen (nacimiento) y la extinción (muerte) de los seres humanos.

Relaciones humanas

Las ideas de los pensadores europeos modificaron no sólo las formas de producción, sino las concepciones imperantes del hombre y la mujer, de la familia y sus relaciones con la Iglesia y el Estado. Desde esta nueva perspectiva se derivaron dos ideas fundantes: la de que "el ser humano es un ser social por naturaleza", y que "la primera relación duradera tuvo que darse entre una madre y su cría", para efecto de la continuación de la especie. Tomando en cuenta que al nacer el mamífero humano es un ser completamente desvalido e incapaz de realizar muchas funciones que otros mamíferos recién nacidos sí pueden, como moverse en busca de alimento, limpiar sus propios desechos, comunicarse con los de su especie, protegerse de las inclemencias del medio, además de otras conductas que podrían ayudar a su sobrevivencia, vemos que ese ser poco hábil requiere necesariamente de otra persona para poder sobrevivir. Si un bebé no es alimentado, protegido y cuidadado puede morir en un tiempo breve, pero también puede morir si no establece lazos afectivos con otro ser humano.

Humberto Maturana (1999), biólogo chileno, sostiene que el ser humano nace antes de tiempo, es decir, nace antes de poder sobrevivir de manera autónoma como cualquier otro mamífero. Según Maturana, el neonato humano debería nacer después de una gestación mucho más prolongada, pero el cuerpo de la madre no puede contenerlo dentro hasta el momento en que pueda sobrevivir por su cuenta, por lo que queda bajo el cuidado de otro ser humano que lo alimenta y protege. Señala también que los seres humanos "surgimos y existimos, en sentido estricto, del amor, porque el amor constituye la aceptación recíproca, en la que pudo conservarse la relación y el vínculo afectivo, como modo de vida de nuestros ancestros homínidos" (Maturana, 2002, p. 32).

Resulta interesante lo que afirma la antropóloga Riane Eisler (1993) en su libro *El cáliz y la espada*, donde hace un recuento histórico de lo que ha sido el desarrollo humano, estudiando los primeros vestigios de los grupos humanos más antiguos encontrados. Entre estos hallazgos está una gran cantidad de esculturas pequeñas de mujeres, sin grandes detalles, pero sí con grandes pechos y un vientre abultado de varios meses de embarazo. La autora llega a la conclusión, después de muchos años de estudio, de que los grupos humanos más antiguos vivían en una cultura a la que denomina "solidaria", en la que se veneraba a la mujer-diosa creadora de la vida. Es posible que esos primeros homínidos buscaran respuestas a las preguntas trascendentes: ¿de dónde venimos antes de nacer y a dónde vamos después de morir?

En la época del hombre de Neandertal, los individuos observaban que la vida de un nuevo ser provenía del cuerpo de la hembra, sin tener idea de la intervención del macho en el proceso de procreación, por lo que según Eisler sería natural para ellos "imaginar el universo como una Madre bondadosa que todo lo da, de cuyo vientre emerge toda vida y al cual, como en los ciclos vegetales, se retorna después de la muerte para volver a nacer" (*op. cit.*, p. XXI). Dos misterios en busca de explicación, la vida y la muerte; probablemente esos homínidos se dieron cuenta de la existencia de un instinto de fusión, una necesidad de encontrar y permanecer en contacto con otro ser para poder sobrevivir.

Las pinturas rupestres encontradas en España y Francia hacen referencia a actividades cotidianas realizadas por los seres humanos de esa época, pero no se advierte en ellas las relaciones afectivas que debieron de existir para que la especie de los homínidos pudiera llegar hasta nuestros días. Quizá, como señalan algunos investigadores (Maturana, 2003; Eisler, *op. cit.*), los primeros vestigios que revelan relaciones afectivas entre estos primeros grupos humanos son los hallazgos de tumbas o monumentos mortuorios, lo cual sugiere que se preocupaban de alguna manera por sus muertos. El entierro de los cuerpos hace suponer que había un fuerte apego por la persona fallecida, además de significar una forma de cuidado y protección después de la muerte.

De todas estas investigaciones y de la interpretación de los hallazgos, surge una nueva teoría de la evolución, distinta de la que propuso Darwin, porque se trata de una teoría sobre la evolución cultural. La teoría que propone Riane Eisler (2000) señala que las relaciones entre los seres humanos se basaban originalmente en el principio de vinculación, donde la diversidad, y en este caso la diferencia entre macho y hembra, no era equiparable a una relación de inferioridad; a este modelo fundante la autora lo llama *modelo solidario o matrístico*, a diferencia del *modelo dominador* o *patriarcado,* basado en las diferencias sexuales, pero resaltando la jerarquización de una parte de la humanidad sobre la otra.

En el Neolítico, la evolución cultural sufrió un salto enorme que cambió el orden de las cosas, interrumpiendo la evolución cultural de las sociedades que adoraban y cuidaban la naturaleza, que propiciaban las artes y el poder de compartir y nutrir. Como escribe la arqueóloga Marija Gimbutas, de la Universidad de California (1981, en Eisler 1993) aparecieron invasores que impusieron formas distintas de organización social, grupos que veneraban el poder mortífero de la espada, el poder de quitar la vida antes que darla, que implicó necesariamente establecer e imponer la dominación de los hombres sobre las mujeres.

Breve historia de la relación de pareja

Para Smadja (2013), hablar de la pareja es referirse a "dos personas unidas por amor o por matrimonio" (p. 19). En esta definición la autora propone una opción: o están juntas por amor o están juntas por matrimonio, lo que implicaría que muchos matrimonios se establecen o se establecieron sin necesidad del amor.

Pero, ¿cuáles eran los motivos por los que se unían las parejas que no lo hacían por amor? En el pasado, en la mayoría de los casos, los miembros de la pareja no decidían entre ellos la unión sino sus padres, y los intereses económicos eran el motivo para consolidar la riqueza de un grupo familiar o bien los intereses políticos para formar un gran imperio.

En el libro *Las reinas de España*, el historiador González-Doria (1999) narra las formas de unión de las parejas imperiales entre los siglos XIII y XX, donde los matrimonios tenían como fin transmitir el poder y la Corona a un grupo de élite. Los matrimonios eran acordados por los padres años antes de que los futuros cónyuges llegaran a la madurez, con el único fin de unir poder y riquezas.

Un ejemplo bastante conocido es el caso del matrimonio entre Fernando V de Aragón e Isabel I, quien había sido proclamada reina de Castilla sólo dos días después de la muerte de su hermano Enrique IV. Este matrimonio tuvo como objeto consolidar el gran reino de España; quedando fuera del poder de los llamados reyes católicos los reinos de Navarra al norte, Portugal al oeste y Granada al sur (*op. cit.*). Este matrimonio reúne características muy parecidas a las de muchas otras parejas europeas de clase alta de aquellos siglos, donde la unión era decidida por personas ajenas a la pareja, con la finalidad de unir reinos o territorios; los futuros consortes eran por lo regular menores de edad, y no era necesario ni el conocimiento ni el amor entre ellos para consumar el matrimonio.

En esas relaciones el principal objetivo era la procreación, para transmitir el poder y el reino de manera legítima; la mujer estaba obligada a no tener relaciones con ningún otro hombre que no fuera su marido, mientras que al varón se le permitía tener relaciones de concubinato e incluso hijos bastardos. Pero el amor entre la mujer y el hombre no era condición necesaria para formar una pareja e incluso tampoco lo era para concebir a los hijos, según señala Marcela Lagarde en *Los cautiverios de las mujeres* (2003). La pareja construida por amor es una noción mucho más reciente en la historia de la humanidad. Maturana dice:

> […] los seres humanos en un sentido estricto surgimos del amor, porque el amor como emoción constituye el dominio de acciones de aceptación recíproca en el que pudo surgir y conservarse el conversar, agregándose como parte constitutiva del vivir que nos define al modo de vida de nuestros ancestros homínidos. De allí resulta que como seres humanos somos seres adictos al amor, y dependemos, para la armonía biológica de nuestro vivir, de la cooperación y la sensualidad, no de la competencia y la lucha.
>
> Los seres humanos dependemos del amor y nos enfermamos cuando éste nos es negado en cualquier momento de la vida […] (2003, p. 136).

Lo anterior significa que la relación entre dos seres humanos amorosos puede considerarse una relación fundante, no sólo si consideramos la relación madre-hijo necesariamente útil para la sobrevivencia, sino la que se genera entre dos adultos que se aman.

Ciclo vital de la pareja

Todo ser vivo, así como una relación de pareja formada por dos seres humanos, tiene un ciclo de vida: nace, crece, se reproduce y muere. Este ciclo se inicia con el nacimiento de un sujeto, continúa con una relación entre dos –la pareja–, puede evolucionar a tres o más –con la llegada de los hijos– y pasa finalmente a un solo individuo con la viudez, para desaparecer con la muerte de la persona sobreviviente.

Hay dos fuerzas que impulsan al sujeto a formar una pareja. Por un lado, la parte biológica, y por otro, el desarrollo del deseo sexual. Recordemos que la sexualidad no sólo tiene que ver con la conducta reproductiva, representa sobre todo la generación de deseos, fantasías y emociones, es decir, se va construyendo la identidad sexual, lo que permite al individuo reconocerse y actuar como un ser sexuado (Kaplan, 1988; Lagarde, 2003).

El estudio científico de la sexualidad humana toma relevancia a mediados de la década de 1960, con las investigaciones realizadas por William Masters y Virginia Johnson, descritas por primera vez en 1966. Con sus teorías sobre las relaciones sexuales, se abre la puerta para dejar atrás mitos y creencias erróneas sobre la conducta sexual humana. Pero más recientes son las investigaciones realizadas por la psicóloga experta en sexología Helen Singler Kaplan (1929-1995), quien presenta un modelo trifásico de sexualidad, a saber: *a)* deseo, *b)* excitación y *c)* orgasmo; introduce la fase del deseo en sustitución de la fase de meseta, propuesta por Masters y Johnson (1966). Kaplan habla del deseo como un impulso o apetito, como una serie de sensaciones que mueven al sujeto a buscar experiencias sexuales y presentarse receptivo a ellas; sin el deseo las otras dos fases serían difíciles de alcanzar. El deseo es una ansiedad placentera que involucra el pensamiento, la imaginación y la representación, necesarias para la culminación orgásmica (Kaplan, 1988). Por primera vez, al acto sexual se le deslinda teóricamente de la reproducción; al introducir la fase del deseo en el proceso se le da importancia al placer, y el onanismo (masturbación) deja de verse como un pecado. Recordemos que en el Génesis, Yahvé castiga a Onán por derramar su semilla en la tierra en vez de hacerlo en la viuda de su hermano, como correspondía para dejar descendencia del primogénito (Friedman, 2003).

Desarrollo del deseo

La descripción y el estudio de la fase del deseo en la conducta sexual humana redimensionó el papel que desempeña el amor en la pareja, sin olvidar los periodos de la vida en que el deseo se vuelve una fuerza creadora que puede, al mismo tiempo, ser fuerza destructora. La adolescencia es un periodo de cambios vertiginosos que resultan sumamente desconcertantes para el joven en tránsito a la adultez, por lo cual puede presentar dificultades y tropiezos, y no estar lo suficientemente preparado para ello.

La adolescencia, a pesar de las diferencias que existen debido a la ubicación geográfica, el grupo social, económico y étnico al que se pertenece, y otros factores, comienza en promedio entre los 11 y los 13 años; esta primera fase, llamada adolescencia temprana, se caracteriza por la velocidad de los cambios físicos del cuerpo del niño y la niña, además de ser una fase de autoexploración (masturbación) y aproximación al otro sexo. Las niñas maduran sexualmente un poco antes que los chicos, iniciando con la ovulación y la menstruación, pero tanto los niños como las niñas no tienen la madurez emocional ni física, por lo que un embarazo a estas edades puede ser de alto riesgo. Según la Encuesta Nacional de la Juventud, 49% de los jóvenes no utilizan ningún método anticonceptivo en su primera relación sexual, por lo que México ocupa el primer lugar en embarazos de adolescentes en América Latina (*Excélsior*, 2017).

La segunda fase se conoce como adolescencia media y va de los 14 a los 17 años; en esta los órganos reproductores se encuentran listos para la reproducción y el deseo sexual se incrementa. Esta etapa resulta riesgosa para los adolescentes, ya que la parte prefrontal de su cerebro no está totalmente enervada y su capacidad de ver lo que les puede ocurrir en el futuro es muy baja, lo que lleva a contraponer la educación sexual que han recibido de padres y maestros con los consejos y supersticiones de amigos y conocidos, que no tienen experiencia en el tema (Calixto, 2018).

En la tercera fase, denominada adolescencia tardía, de los 18 a los 24 años, el adolescente se ha desarrollado por completo tanto en el aspecto físico como en el psicológico. En esta edad se esperaría que los jóvenes pudieran entablar relaciones más duraderas, porque el deseo ya no responde únicamente a una pulsión sexual, sino que está matizado por otros valores, como la confianza, la solidaridad, la seguridad social.

Un dato importante que debe tenerse en cuenta: en México, 20% de los nacimientos anuales corresponden a madres adolescentes (Mora y Hernández, 2015).

Se ha señalado que los jóvenes con baja escolaridad, menores expectativas académicas y laborales, y menor autoestima y asertividad tienden a iniciar a más temprana edad su vida sexual activa, a utilizar con menos frecuencia anticonceptivos y, en el caso de las jóvenes, a quedar embarazadas, con el riesgo de abortar por la falta de condiciones y conocimientos que faciliten una decisión mejor (*op. cit.*, p. 76).

El embarazo de las adolescente es un riesgo no sólo para la salud de la madre, sino que genera una crisis en la familia misma, siendo además la causa principal por la cual las jóvenes tienen que dejar la escuela para atender a su hijo. En nuestro país, según el estudio realizado por Mora y Hernández (*op. cit.*), la mortalidad en madres adolescentes, menores de 24 años, llega a 33% del total. Otro dato importante: resulta que en la mayoría de los casos las jóvenes se quedan solas a cargo del niño, porque el padre (que a menudo también es adolescente) abandona la responsabilidad del cuidado y manutención de su hijo.

Enamoramiento

En *La nueva psicología del amor* (1998), Scott Peck señala: "El amor es algo demasiado grande y profundo para que se pueda comprender, medir o limitar dentro del marco de las palabras" (p. 81). Sin embargo, líneas más adelante afirma: "Yo defino el amor como la voluntad de extender los límites del propio yo, con el fin de impulsar el desarrollo espiritual propio o ajeno" (*op. cit.*). Cuando habla sobre el enamoramiento señala que es una experiencia totalmente subjetiva y ocurre cuando estamos sexualmente motivados, aunque la sensación de éxtasis es pasajera. Pese a ello el autor considera que el acto de enamorarse es una regresión, pues el enamorado busca hacerse uno con la pareja, fundirse con ella, sin límites, sintiendo su protección y cuidado, como sucedió en la relación primaria del niño con su madre (*op. cit.*).

El sociólogo y periodista italiano Francesco Alberoni ha dedicado gran parte de su vida a estudiar la naturaleza del amor y las relaciones afectivas entre los individuos. En más de diez libros de los 26 que ha publicado trata sobre los sentimientos amorosos, por lo que puede decirse que es un experto en el tema del amor. En ese transitar de las ciencias sociales a la psicología, Alberoni (1994) habla del "estado naciente" para referirse al tiempo en que el liderazgo, las ideas y la comunicación se funden para dar origen al cambio y con ello al movimiento que puede ser social o afectivo. En su obra *Enamoramiento y amor* dice que la experiencia de enamorarse es un "movimiento revolucionario" que tiene el poder de separar lo que estaba unido y unir lo que estaba separado (refiriéndose al hijo o la hija en su familia y a la relación de pareja), dando lugar a un movimiento colectivo compuesto de manera exclusiva por dos personas, que al enamorarse se transforman mutuamente. Sobre este movimiento, el divulgador de la ciencia Eduardo Punset (2015) señala que:

> Sólo existe una emoción tan aleatoria como el mundo que nos rodea: tan imprevisible y azarosa como el nacimiento; tan cambiante como nuestra fisiología molecular; tan irreprimible como las fuerzas básicas de la naturaleza [....]. Una emoción desconcertante hecha a nuestra medida que tiene, además, el efecto insospechado de colmar con su aliento todo el inmenso vacío uniendo, como dos moléculas de agua al helarse, a dos seres hasta entonces absolutamente solitarios [....]. Para el común de los mortales es la emoción básica y universal del amor (p. 42).

Esa fusión irrefrenable es el amor, sentimiento al que muchos autores desde hace cientos de años y desde distintas disciplinas se han referido. Tanto las artes como las ciencias y los discursos filosóficos, así como más recientemente la neuropsicología, han tratado el tema del amor; podríamos decir que es el sentimiento necesario para la sobrevivencia humana, como se mencionó, desde épocas ancestrales.

Pero, ¿cómo se produce el amor? ¿Cómo es que nos relacionamos con otro ser para compartir nuestro cuerpo y espíritu? ¿De qué depende que esa emoción se convierta en un sentimiento profundo que puede durar toda la vida o que en otros casos puede ser sólo una emoción efímera?

El estudio científico del enamoramiento se da a partir del siglo XX con el avance de la neurología y la neuropsicología. De acuerdo con Eduardo Calixto (2018), investigador del Instituto Nacional de

Psiquiatría Ramón de la Fuente Muñiz (INPRFM), la mejor edad para enamorarse sería entre los 25 y 35 años, porque en esa etapa los niveles de dopamina son más altos. Se sabe que los niveles de dopamina disminuyen con la edad, por lo que a mayor edad el proceso de selección de pareja se hace más selectivo y maduro. Así, cuantos más años tiene la gente, se enamora más con el cerebro que con el corazón.

Todos en algún momento de la vida nos hemos enamorado, pero la crisis de la pareja proviene, a decir de Alberoni (1994), de la idealización: la mayoría de las personas buscan y desean un amor perfecto, continuo e inmutable, quieren la perpetuación del estado idílico de la etapa de enamoramiento. Y, como ya vimos, esto no existe. La desesperanza, la frustración y la depresión pueden hacer que el enamoramiento inicial desaparezca y el amor maduro no llegue a consolidarse.

Consolidación de la pareja, la vida conyugal

La relación de pareja estable en forma de matrimonio, considerado éste una institución primaria, que, según Héritier (1996, en Smadja, 2013), existe en todas las sociedades, incluso en aquellas en las que no hay un lazo conyugal estable y permanente, es una forma legítima de relación caracterizada por criterios extremadamente variables. Y es justo esa unión la que garantiza la legitimidad primera de los hijos y crea *ipso facto* su filiación al grupo.

El matrimonio es un estado de cooperación social y económica en el que ambos sexos usan experiencias reconocidas en su cultura, dictadas por convenciones sociales. El reparto de las tareas hace que la unión del hombre y la mujer sea necesaria para la supervivencia de la sociedad.

El Instituto Nacional de Estadística y Geografía (INEGI, 2017) define el matrimonio como "una institución social, reconocida como legítima por la sociedad, que consiste en la unión de dos personas para hacer una comunidad de vida", y nos ofrece los siguientes datos: en 2012 se celebraron 585 434 matrimonios, en 2013 fueron 583 264, en tanto que en 2016 se registraron 577 713 matrimonios, lo que indica que cada año hay menos matrimonios a pesar del incremento de población. Por su parte, el número de divorcios ha ido en aumento de forma considerable: en 2011 la cifra se ubicó en 91 285, en 2012 fueron 99 509 y en 2013 se registraron 108 727 divorcios. Y más contrastante resulta comparar los datos de 1980, donde sólo hubo 4% de divorcios, contra lo ocurrido en 2013, cuando se dieron 19 divorcios por cada 100 matrimonios. Algunas preguntas obligadas del análisis de estos datos son: ¿por qué los matrimonios no duran tantos años como antes?, ¿por qué ha aumentado el porcentaje de divorcios en los últimos 35 años?, ¿qué está ocurriendo en la sociedad y en las personas para observar estas tendencias?

Breve historia del matrimonio

En todas las sociedades siempre ha habido una serie de ritos para los acontecimientos significativos en la vida de las personas. En la Antigüedad, el matrimonio entre los grupos germanos y romanos heredó al resto de Europa una serie de costumbres que han perdurado hasta nuestros días, por ejemplo: el anillo y el velo nupcial son dos elementos simbólicos de la Roma antigua que permanecen en las bodas actuales; el ritual germano de la unión de las manos que perduró durante toda la Edad Media, así como la forma de "entrega" de la esposa al novio por parte del padre de la consorte (Bologne, 2005 en Smadja, 2013).

En el siglo V, San Agustín definió cómo debía ser el matrimonio y esa visión perduró durante siglos. La unión matrimonial tenía tres objetivos: procrear, mantener la fidelidad y la unión de Cristo con su Iglesia. El matrimonio se elevó a sacramento, era indisoluble y su duración terminaba únicamente con la muerte de alguno de los cónyuges. Pero esta concepción del matrimonio fue cuestionada posteriormente por los reformadores protestantes Lutero y Calvino (*op. cit.*).

Durante la Edad Media, el principal objetivo del matrimonio era asegurar la transmisión del feudo y la herencia, pasando a segundo término la unión mística entre Cristo y su Iglesia. Sin embargo, permanecieron otras tradiciones de tipo económico, como conservar la permanencia de un modo de producción y evitar la parcelación de la tierra, otorgar una dote a la novia, así como dejar la herencia al hijo varón primogénito.

La pareja en la época moderna

A lo largo del tiempo, la relación de pareja se ha transformado: dejó de ser una simple unidad de reproducción para convertirse en un lugar privilegiado de afecto y solidaridad.

Durante los siglos XIX y XX, el amor en la relación de pareja tiene una presencia más patente, aunque el matrimonio por cuestiones económicas y las dotes siguen persistiendo en algunas culturas, sobre todo entre las clases altas.

A fines de la Primera Guerra Mundial, tanto el matrimonio como la sociedad experimentan severas crisis, los jóvenes dejan de considerar que el matrimonio es para toda la vida al darse cuenta de que el amor se desgasta en la relación. Al mismo tiempo, el casamiento civil adquiere un lugar preponderante, y la Iglesia, por su parte, abandona las reivindicaciones para limitarlas a obligaciones morales (Magallón, 1998).

Chávez (1999) señala que al firmar un contrato matrimonial ambos miembros de la pareja están obligados a respetar una serie de reglas:

1. *Vida en común.* Se trata de un deber complementario y recíproco: el vivir juntos en un domicilio conyugal, lo que permitirá el cumplimiento de otros deberes maritales.
2. *Débito carnal.* Se entendería como parte del amor conyugal; este deber es recíproco e igualitario y se promueve en beneficio de la procreación y el cuidado de la prole.
3. *Fidelidad.* Implica permanecer juntos, además de la abstinencia de relaciones sexuales con personas distintas de la pareja conyugal.
4. *Auxilio mutuo.* Se exige apoyo y ayuda mutua, combinando la asistencia recíproca en todos los momentos y etapas de la vida para lograr el desarrollo de ambos miembros de la dupla.

Matrimonio en México

El matrimonio en México, entendido como la unión entre un hombre y una mujer, existía en nuestro país desde antes de la llegada de los conquistadores españoles, quienes impusieron la religión católica y con ello sus creencias, ritos y costumbres. Durante la Colonia el matrimonio en México, al igual que en Europa, estaba controlado por la Iglesia católica, pero tenía algunas diferencias; por ejemplo, los españoles podían contraer matrimonio con mujeres de diferentes grupos étnicos (indígenas, africanos). Algunos hacían valer la prerrogativa de tener una mujer en América y otra en España.

En México, según Galindo Garfias (2004), no fue sino hasta mediados del siglo XIX, una vez restaurada la República, después del imperio de Maximiliano, que el presidente Benito Juárez no sólo reconoció los matrimonios efectuados durante el segundo imperio, sino que promovió la Ley del Registro Civil y el Código Civil donde se señala que los matrimonios pasan a ser actos civiles, por lo que a partir de esa fecha serán regulados por el Estado. Sin embargo, si los contrayentes declaraban ser católicos debían contraer también matrimonio religioso.

Vida en pareja

La vida en común con otra persona puede ser algo muy disfrutable, aunque, sin duda, también resulta difícil compartir el día a día, sobre todo pasada la etapa de enamoramiento. Contraer matrimonio o vivir en pareja es una decisión importante y, como cualquier decisión, implica tomar riesgos; quizá por eso se requiere que exista enamoramiento para poder dejar a la familia de origen con la que, bien o mal, se ha convivido hasta ese momento. Pero no hay que olvidar que la vida misma representa un riesgo y cuanto más amamos en la vida, más riesgos estaremos dispuestos a correr. Como diría Peck: "El riesgo más grande es crecer, pasar de la niñez a la edad adulta" (1998, p. 76).

La estructura de la pareja "para toda la vida" está siendo fuertemente cuestionada, al darse cuenta de que el amor, imaginado, no dura para siempre. Omar Biscotti, terapeuta de pareja argentino, señala que "si bien nadie se casa para divorciarse, la ruptura del vínculo antes de la separación por la muerte es una alternativa cada vez más frecuente" (2006, p. 13).

Una gran cantidad de personas han escrito sobre el amor. Al respecto Rojas (1999) dice que resulta muy fácil enamorarse, pero sumamente difícil mantener el amor a lo largo de los años, porque el amor tiene notas de un sacrificio gustoso por el otro, ya que esta tendencia afectiva lleva a darle a esa persona especial lo mejor que tenemos. El mismo autor habla de un amor inteligente, capaz de ensamblar sentimientos, inteligencia y espiritualidad. El amor es un reto, una meta que aspira a construir una relación duradera, firme, consistente, con capacidad de sortear las diversas dificultades por las que habrá de pasar (p. 82).

Para Peck (1998), el amor es un acto de voluntad, no únicamente de deseo, porque cuando amamos a alguien sólo lo podemos demostrar con nuestros actos, con nuestro comportamiento. Por tanto, se puede decir que el amor es un acto de voluntad, es intención y acción conjuntas. La voluntad, por su parte, también implica elección, de manera que no estamos obligados a amar, ocurre más bien que elegimos y decidimos amar. De modo que esto no tiene que ver con el llamado "amor romántico" o las historias de amor que generalmente terminaban con la frase: "Se casaron y vivieron felices para siempre". La práctica nos hace ver que amar a otro es una decisión que se toma cada día y se reafirma con los años (Eguiluz, 2007).

Psicología positiva

La psicología positiva es el estudio científico de las experiencias positivas, de los rasgos individuales positivos, además de las instituciones que facilitan su crecimiento. El desarrollo de esta nueva área de la psicología se da a finales del siglo pasado, cuando se transita de "aliviar el sufrimiento y desarraigar las condiciones incapacitantes de la vida" (Seligman, 2014, p. 15) a una psicología positiva que, basada en investigaciones científicas, promueve el bienestar y la salud humanos a partir de un concepto más amplio de salud propuesto por la Organización Mundial de la Salud (OMS), que no implica solamente la ausencia de enfermedad, sino que considera además un estado pleno de bienestar que hace que la vida valga la pena. No se trata de un nuevo paradigma, como dirían María Dolores Avia y Carmelo Vázquez (2011), ni tampoco es la solución a todos nuestros problemas, sino una necesaria y oportuna llamada de atención hacia lo que los psicólogos habíamos olvidado: la salud plena (p. 26).

En *Authentic Happiness* (2003) Seligman expone su concepto de felicidad, que posteriormente cambió por el constructo de bienestar, cuyos componentes son:

1. *La emoción positiva*, es decir, lo que sentimos como placer, calidez, comodidad.
2. *El compromiso*, que nos remite a la noción de realizar una actividad absorbente y perderse en un flujo placentero, olvidando el transcurrir del tiempo.
3. *El sentido o propósito de vida*, este elemento, a diferencia de los dos anteriores, es social, implica pertenecer y creer en algo superior a uno mismo, significa florecer y dar fruto en un área: la política, la docencia, la familia.
4. *El logro o realización* no produce una emoción positiva inmediata, pero la sensación de alcanzar objetivos y metas es sumamente satisfactoria
5. *Las relaciones positivas*, esto es, la convivencia con otros, participar con los amigos, resulta ser "el mejor antídoto contra las viscisitudes de la vida y el estimulante más confiable que existe" (Seligman, 2014, p. 35).

Después de exponer de forma breve los contenidos de la psicología positiva, veamos algunos ejemplos de cómo ha impactado en las relaciones de pareja.

Mencionaremos aquí sólo algunas de las investigaciones realizadas con rigor científico sobre las relaciones humanas, iniciando con el amor entendido como nutriente esencial que requiere el organismo humano porque, como dice Maturana (2002), quien no ama, se enferma, se marchita y acaba por morir. Hay estudios que demuestran que los bebés pueden morir sin una razón física evidente en instituciones por carecer del contacto amoroso de un cuidador asignado.

Así lo señala Ashley Montagu (1993) en su obra pionera titulada *Touching,* traducida al español como *El contacto humano*. En ella se dice que el contacto amoroso genera sentimientos físicos intensos que promueven descargas de endorfinas, y no sólo produce placer físico sino también consuelo y esperanza; nos ayudan a pensar que estamos conectados con otros de nuestra misma especie, nunca solos.

Cuando nos referimos al amor, no se habla de deseo sexual, ni de un lazo de sangre, ni de parentesco, no es tampoco un vínculo o un compromiso social, tenemos que romper con las ideas muy difundidas sobre el sentimiento amoroso.

Existe una relación que se ha podido comprobar entre el sentirse amado y algunas enfermedades cardiacas. En su libro *Reversing Heart Disease*, Dean Ornish (1990) señala que, cuanto más amada y apoyada se sienta una persona, menos probable será que desarrolle esclerosis arterial coronaria. La importancia de las redes sociales amorosas es mencionada ampliamente en un artículo de la revista *Science,* en el cual se reportan diversos estudios que proporcionan evidencia de cómo las redes de apoyo social (lazos conyugales, grupos de amigos, familia ampliada o grupos sociales) tienen una correlación positiva con la recuperación quirúrgica, así como con las enfermedades crónico-degenerativas y estados infecciosos, mientras que, por el contrario, la falta de apoyo social es un factor de riesgo importante para la mortalidad (Pressman y Cohen, 2005).

La psicóloga Barbara Fredrickson, quien se ha dedicado por más de dos décadas a investigar las emociones que nos hacen sentir bien, es decir, las que nos provocan momentos de alegría, diversión, gratitud, esperanza, y que no sólo invaden la mente sino el cuerpo, describe en su libro *Vida positiva* (2009) las múltiples formas en que la ciencia ha confirmado que las emociones positivas abren y transforman a la gente en una mejor versión de sí misma.

Fredrickson emplea la apertura y la transformación como puntales para su teoría sobre la positividad. El amor, desde su punto de vista, reside en experiencias momentáneas de unión que permiten aumentar la confianza en el otro, donde la relación y la lealtad se ahondan y el deseo de convivencia con esa persona va en aumento. Ella llama al amor "la emoción suprema", porque a través del amor todas las emociones positivas se expanden, amplían la mente y aumentan el ingenio. Así lo dice el título de su segundo libro: *Amor 2.0. Una nueva mirada a la emoción que determina lo que sentimos, pensamos, hacemos y somos* (2015, p. 21). Y si es el amor la emoción suprema, es porque no sólo cambia el modo de mirar e interpretar la realidad en la que uno vive, sino que modifica también la mente y con ello el concepto de uno mismo.

El amor es la efusión momentánea de tres hechos inextricablemente asociados entre sí: primero, el de que compartas con otra persona una o más emociones positivas: segundo, el de que sincronices con ella tu bioquímica y conducta; y tercero, el de que reflejes la motivación para interesarte en ella, lo que redunda en interés mutuo (*op. cit.*, p. 27).

Resulta original la idea de que el amor altera la actividad oculta del cuerpo y el cerebro de quien lo vive, por lo que es posible constatar que las personas amorosas, a diferencia de quienes no lo son, se encuentran siempre rodeadas de otras personas. Esto es así porque el amor genera resonancia, no pertenece en sí a un individuo sino a parejas o grupos de personas, ya que reside en la relación entre ellos.

La presencia y la cercanía física son indispensables para que surja el amor (Wilson y Wilson, 2007); esto se puede constatar observando que es más fácil que dos personas se amen después de convivir juntas buena parte del día (por ejemplo, un médico y una enfermera, un jefe y su secretaria), si lo comparamos con otras parejas cuya cercanía física es más difícil de lograr (parejas que no comparten actividades o los amores cibernéticos).

En la resonancia de positividad intervienen partes de nuestro sistema biológico, empezando por el cerebro, la hormona oxitocina y el décimo nervio craneal (nervio vago). Uri Hasson (2004) y su equipo de la Universidad de Princeton descubrieron que el grado de éxito de la comunicación prefiguraba el grado de acoplamiento cerebral entre la persona que habla y los oyentes, por lo cual concluyeron que la comunicación es sólo un acto ejecutado por dos cerebros que permiten experiementar la misma emoción del hablante, lo que lleva a la comprensión y el interés mutuo, señalando así un paso necesario hacia el amor.

Refiriéndose específicamente a la hormona oxitocina, Frederickson (2015) dice que ese neuropéptico actúa no sólo en el cerebro sino que circula en todo el cuerpo, siendo mucho mayor durante el acto sexual, el parto y la lactancia. Además, es un factor en las conductas de apego, por lo que resulta de suma importancia para que se desarrolle la relación madre-hijo.

Coincide en ello el neuropsicólogo Calixto (2018), quien señala que la oxitocina coadyuva a la unión y el amor de pareja, además de crear firmes lazos sociales entre personas.

Averill (1980, en Avia y Vázquez, 2011) destaca cuatro características que permiten categorizar una emoción como positiva:

a) El sentimiento provocado por la emoción se percibe como agradable.

b) El objeto de la emoción se valora como "bueno".

c) La conducta que uno realiza mientras experimenta esa emoción se evalúa de forma favorable.

d) Las consecuencias de la emoción son benéficas.

No cabe duda de que medir las emociones, postivas o negativas, no resulta una tarea fácil y quizá sea una de las razones por las que la psicología no se ocupó de su estudio durante mucho tiempo.

Ahora bien, el concepto de bienestar implica un juicio, una valoración personal que se apoya en una estimación global que las personas hacen a partir del predominio de estados afectivos placenteros sobre los desagradables (Avia y Vázquez, *op. cit.*, p. 43).

En la Universidad de Illinois, Ed Diener *et al.* (2006) estudiaron el concepto de bienestar y confirman que lo fundamental es que la persona haya experimentado con una frecuencia prolongada un tono de ánimo positivo. Asimismo, destacan que el bienestar está ligado casi siempre a un contexto social.

Es evidente que las emociones positivas, y en general el estado de ánimo positivo, influyen notablemente en los procesos de pensamiento. Las siguientes ideas fueron propuestas por Barbara Fredrickson (2009) y demuestran la importancia de mantener un ánimo positivo, puesto que ayuda tanto al pensamiento como a la salud física.

1. Cuando el estado de ánimo es bueno, nuestros juicios tienden a ser más benévolos.
2. Cuando estamos contentos es más fácil que vengan a la memoria los recuerdos de cosas agradables que nos han ocurrido.
3. El estado de ánimo positivo genera formas de pensamiento más flexibles, es decir, menos rígidas.
4. Las emociones positivas promueven el pensamiento creativo, favorecen respuestas más imaginativas y novedosas.
5. Con buen ánimo, el tiempo para tomar decisiones importantes que nos incumben se reduce.
6. La salud física se beneficia, por lo que tanto el sistema inmunológico como la longevidad aumentan.

La psicóloga Sonja Lyubomirsky (2008), de la Universidad de California, se ha encargado de desmitificar el concepto de felicidad. En primer término, la autora señala que 40% de la felicidad de uno mismo depende de nuestra actividad deliberada, por lo que no podemos esperar encontrar la felicidad fuera de nosotros, sino que es un estado mental, una manera de construir la realidad que nos rodea. Otra falacia es creer que podríamos ser felices si cambiamos nuestras circunstancias.

Eso lo pensamos recordando épocas en que éramos felices, pero no podemos regresar al pasado y en el mejor de los casos, si pudiéramos cambiar las circunstancias actuales, eso sólo representaría 10% en la determinación de nuestro grado de felicidad.

Por último, el mito que dice que la felicidad está determinada genéticamente, esto es, que hay personas que son felices y que otras, hagan lo que hagan, seguirán siendo infelices. Sin embargo, cada vez hay más investigaciones que demuestran de forma convincente que incluso la programación genética puede modificarse. También sabemos que podemos cambiar nuestra forma de vivir, pero el deseo debe ir acompañado de perseverancia, aunque la mayoría de la gente no quiere o no puede dedicar tiempo ni esfuerzo para hacer posible el cambio deseado.

La buena relación de pareja está intrínsecamente conectada con la felicidad. En un estudio con 35 mil personas, se encontró que 52% de los casados dijeron ser muy felices", mientras que sólo 24% de los solteros, viudos o divorciados dijeron lo mismo (Lyubomirsky, 2008).

Tugade y Fredrickson (2004) detectaron que las emociones positivas también sirven para deshacer los efectos cardiovasculares producidos por las emociones negativas (por ejemplo, aumento de la tasa cardiaca, aumento de la presión arterial, aumento de la vasoconstricción). Las emociones positivas parecen ayudar a los individuos a encontrar un significado positivo en las situaciones estresantes.

La antropóloga y bióloga Helen Fisher (2009), de la Universidad Rutgers en Nueva Jersey, ha dedicado buena parte de sus investigaciones al amor de pareja, para tratar de responder a la pregunta: ¿por qué amamos? Fisher analizó y comparó los escáneres cerebrales de cientos de personas, hombres y mujeres de distintas edades y diferentes culturas, que dijeron estar enamorados en dos momentos distintos: cuando se les mostró la fotografía de la persona amada y cuando se les mostraron fotografías de cualquier otra persona.

Como resultado de esta investigación, Fisher desarrolló una teoría que propone la existencia de tres sistemas cerebrales interconectados para el apareamiento y la reproducción, donde el amor puede comenzar por cualquiera de los tres:

1. Etapa de lujuria de apareamiento y reproducción, donde predomina el impulso sexual, con grandes descargas de testorterona y estrógenos.
2. Etapa de atracción sexual selectiva, donde predomina el amor romántico con descargas de dopamina.
3. Etapa del apego, donde hay sentimientos profundos y predomina el amor a largo plazo, la hormona preponderante en el organismo es la oxitocina, llamada también la hormona del amor.

La neuroimagen reveló que en su reacción cerebral ante el ser amado seguía funcionando el mecanismo del amor inicial de dopamina y área de gratificación. Además, se activaban otras zonas cerebrales distintas (en mayor número incluso que en el enamoramiento inicial), en las que se producen los péptidos oxitocina y vasopresina que regulan los lazos afectivos intensos, la empatía, lo que se relaciona con el apego y el compromiso. Se segrega también serotonina –neurotransmisor que modula las emociones y que en el amor inicial tiene una baja actividad– y hay una actividad en el área de receptores opiáceos que funciona al tomar fármacos contra el dolor o la depresión, lo que explicaría que estas relaciones largas sean de bienestar y más calmadas.

Se ha descubierto que las relaciones de pareja que se mantienen e incluso mejoran con los años tienen efectos medibles en la salud y reducen el riesgo cardiovascular en el caso de los varones (Bennett-Britton *et al.*, 2017).

Se realizó un estudio longitudinal prospectivo usando datos de un estudio en Bristol (Reino Unido) con una muestra de $n = 620$ padres. Para medir la salud se checaron los niveles de colesterol de baja densidad (LDL, por sus siglas en inglés), la presión arterial, el peso corporal, los niveles de grasa, así como los niveles de glucosa en sangre. Cuando las relaciones de pareja iban bien o mejor de lo que estaban en la medición anterior, se halló que coincidía con mediciones más bajas de LDL, presión arterial e índice de masa corporal (IMC) dentro de la norma. Cuando las relaciones de pareja habían empeorado, esto coincidía también con el deterioro de su presión arterial diastólica (EcoDiario.es, 2017).

La mejoría y el deterioro de la calidad de la relación longitudinal se vinculan con asociaciones respectivamente positivas y negativas y con un rango de factores de riesgo de enfermedades cardiovasculares (ECV).

A modo de conclusión

En este capítulo hemos hecho un brevísimo recorrido por algunos pasajes históricos de la vida de las parejas, y parece quedar claro que la relación de pareja es necesaria para el desarrollo de la calidad humana. Sin embargo, no todos los hombres ni todas las mujeres logran cumplir con esta consigna biológica debido a múltiples razones; en muchas ocasiones ni siquiera han sido decisiones propias. Como señala el terapeuta argentino Jorge Bucay (2007) al hablar de la importancia para el cuerpo y el espíritu de tener a alguien a quien querer y saberse amado por ese alguien, una persona puede sentirse amada cuando hay: " Alguien que celebre sinceramente cada uno de nuestros logros. Alguien que quiera acompañarnos tanto en los momentos fáciles como en los difíciles. Alguien que sea capaz de respetar nuestros tiempos y nuestras elecciones. Alguien que difrute de nuestra compañía sin pretender ponernos en la lista de sus preferencias. Alguien por quien nos sigamos sintiendo queridos aun en los desencuentros, aun después de esos momentos de discusión o de enfado" (*op. cit.*, pp. 36-37).

Hay un cúmulo de mitos sobre el amor, desde "se casaron y fueron felices para siempre" hasta "el amor es un doloroso tormento que hay que padecer". No obstante, hoy la investigación científica y el desarrollo de instrumentos para detectar lo que ocurre en el cerebro enamorado permiten conocer qué significa "querer a alguien" y los beneficios que proporciona conservar un buen amor. Entendiendo, como diría Bucay, que amar a otro es una decisión que se renueva cada día, una decisión de construir un espacio amplio de libertad para la persona amada, que le permita decidir sobre su propia vida, decidir sobre sobre su cuerpo y sobre sus sentimientos, aun cuando su decisión no me guste o no me incluya.

En la medida que en la pareja se desarrollen conflictos, el estrés estará presente, lo cual no es necesariamente malo, si se sabe sortearlo y cambiar lo necesario para aprender a vivir mejor con la pareja. Sabemos ahora que los seres humanos respondemos de forma ideosincrática a los estímulos, pero que nuestra respuesta se constituye en gran medida por lo que pienso que el estímulo representa.

Por ejemplo, se responderá de manera muy distinta si ante el mal humor de la pareja se piensa: "Lo que hace no me gusta y lo sigue haciendo, y lo hace precisamente porque quiere molestarme, lo que significa que no me quiere", que si esa misma persona, ante la misma situación piensa: "¿Qué puedo hacer para que deje de hacer lo que no me gusta? Quiero ayudarlo porque lo quiero y me gusta pasarla bien con él". Colocar la responsabilidad de mi bienestar en el otro, culpándolo o interpretando sus intenciones, no ayuda a construir nuestra felicidad. Cada uno construye la realidad en la que participa y, por tanto, somos responsables del bienestar o malestar que tenemos.

Para gozar de una buena salud física hay fórmulas sencillas: comer de manera balanceada, hacer ejercicio, lo cual parece relativamente sencillo de lograr. Pero además se recomienda desempeñar un trabajo que te apasione, tener amigos con los que disfutes las conversaciones, una pareja con la que te permitas crecer y aprender, seguir leyendo y aprendiendo cada día, salir de casa y disfrutar la vida. Casi nada de esto cuesta dinero, pero lo que sí cuesta es proponérselo y lograrlo.

Referencias

Alberoni, F. (1994), *Enamoramiento y amor,* Gedisa, España.

Averill, J. R. (1980), "On the paucity of positive emotions", en M. D. Avia y C. Vázquez, *Optimismo inteligente*, Alianza Editorial, Madrid, 2011.

Avia, M. D. y C. Vázquez (2013), *Optimismo inteligente*, Alianza Editorial, España.

Ayala Salazar, J. M. y M. G. González Torres (2001), *El matrimonio y sus costumbres*, México, Trillas.

Baqueiro, R. E. y R. Buenrostro (2008), *Derecho de familia*, Oxford University Press, México.

Bateson, G. (2004), *Espíritu y naturaleza. Una unidad necesaria*, Amorrortu, Argentina.

________ y M. C. Bateson (1989), *El temor de los ángeles. Epistemología de lo sagrado*, Gedisa, España.

Biscotti, O. (2006), *Terapia de pareja. Una mirada sistémica*, Lumen Humanitas, Buenos Aires.

Bennett-Britton, I., A. Teyhan, J. Macleod, N. Sattar, G. Smith y Y. Ben-Shlomo (2017), "Changes in marital quality over 6 years and its association with cardiovascular disease risk factors in men: findings from the ALSPAC prospective cohort study", *Journal Epidemiol Community Health,* núm. 71, pp. 1094-1100, doi:10.1136

Bologne, J. C. (2005), *Histoire du mariage en Occident,* Hachette, París.

Calixto, E. (2018), *Un clavado a tu cerebro*, Aguilar, México.

Chávez, A. M. (1999), *Convenios conyugales y familiares*, Porrúa, México.

Diener, E. (2006), "Guidelines for National Indicators of Subjetive Well-Being and III-Being", *Journal of Happiness Studies*, núm. 7, pp. 397-404.

Duckworth, A. L., T. A. Steen y M. E. Seligman (2007), "Psicología positiva en la práctica clínica", *Hipnópolis*, núm. 5, vol. 10, pp. 629-651.

Eco.Diario.es (2017), "Las relaciones de pareja que mejoran con los años reducen el riesgo cordiovasculr de los hombres". Disponible en: http://ecodiario.eleconomista.es/salud/noticias/8672383/10/17/

Eguiluz, L. L. (comp.) (2007), *Entendiendo a la pareja. Marcos teóricos para el trabajo terapéutico*, Editorial Pax México, Librería Carlos Césarman, México.

Eisler, R. (1993), *El cáliz y la espada. Nuestra historia, nuestro futuro*, Chile, Cuatro Vientos.

_______ (2000), *Nuevos caminos hacia el poder personal y el amor. Placer Sagrado II,* Editorial Pax México, Librería Carlos Césarman, México.

Excélsior (2017), "México, primer lugar de embarazos en adolescentes en toda América Latina". Disponible en: http://www.excelsior.com.mx/nacional/2017/02/01/1143609.

Fisher, H. (2004), *Por qué amamos. La naturaleza y la química del amor romántico,* México, Taurus.

________ (2009), *Why Him? Why Her?: Finding Real Love By Understanding Your Personality Type*, Reino Unido, Oneworld Publications.

Fredrickson, B. (2009), *Vida positiva. Cómo superar las emociones negativas y prosperar*, Norma, Colombia.

_______ (2015), *Amor:2.0. Una nueva mirada a la emoción que determina lo que sentimos, pensamos, hacemos y somos,* Océano, México.

Friedman, R. E. (2003), *The Bible with sources revealed,* Harper Collins, Estados Unidos.

Galindo Garfias, I. (2004), *Derecho civil. Primer curso: parte general. Personas, familias,* Porrúa, México.

Gimbutas, M. (1981), "The image of woman in prehistoric art", *The Quartery Review of Archaeology,* pp. 6-9.

González-Doria, F. (1999), *Las reinas de España,* Trigo Ediciones, España.

Gordillo Montesinos, R. (2017), *Derecho privado romano*, Porrúa, México.

Hasson, U., Y. Nir, I. Levy, G. Fuhrmann y R. Malach (2004), "Intersubject synchronization of cortical activity during natural vision", *Science*, núm. 303, pp. 1634-1640.

House, J. S., K. Landis y D. Umberson (1988), "Social Relationships and Health", *Science*, núm. 29, pp. 540-550.

INEGI (2017). Disponible en: www.inegi.org.mx/lib/olap/consulta/general_ver4/MDX QuerryDatos_asp?#Regreso&=

Kaplan, H. S. (1988), *The illustrated Manual of Sex Therapy*, Psychology Press, Estados Unidos.

Lagarde, M. (2003), *Los cautiverios de las mujeres: madresposas, monjas, putas, presas y locas,* UNAM, México.

Lyubomirsky, S. (2008), *La ciencia de la felicidad*, Urano, Barcelona.

Magallón, I. J. (1998), *Instituciones de derecho civil*, vols. 1 y 2, Porrúa, México.

Masters, W. y V. Johnson (1966), *Human sexual response,* Word Press, Boston.

Maturana, H. (1999), *Transformación en la convivencia,* Chile, Dolmen.

_______ (2000), "Prefacio a la edición en español del libro de R. Eisler, *Sexo, mitos y política del Cuerpo*", Editorial Pax México, Librería Carlos Césarman, México.

_______ (2002), *El sentido de lo humano,* Dolmen, España.

Montagu, A. (1993), *El contacto humano*, Paidós, España.

Mora, C. M. y V. Hernández (2015), "Embarazo en la adolescencia: Cómo ocurre en la sociedad actual", *Perinatología y Reproducción Humana*, núm. 29, vol. 2, pp. 76-82.

Orish, D. (1990), *Reversing Heart Disease*, Ballantine, Nueva York.

Peck, S. (1998), *La nueva psicología del amor,* Emecé, España.

Pressman, S. D. y S. Cohen (2005), "Does Positive Affect Influence Healt?", *Psychological Bulletin*, núm. 131, vol. 6, pp. 925-971.

Punset, E. (2015), *El viaje al amor. Las nuevas claves científicas*, Booket, México.

Rojas, E. (1999), *La ilusión de vivir. Instrucciones para navegar hacia la felicidad,* Planeta, México.

Seligman, M. (2003), *La auténtica felicidad,* España, Javier Vergara.

_______ (2006), *Aprenda optimismo. Haga de la vida una experiencia gratificante,* Random House Mondadori, México.

_______ (2014), *Florecer. La nueva psicología positiva y la búsqueda del bienestar*, Océano, México.

Smadja, E. (2013), *La pareja y su historia*, Biblos, Buenos Aires.

Sternberg, R. (1989), *El triángulo del amor: intimidad, pasión y compromiso*, Paidós, Barcelona.

Tugade, M. y B. L. Fredrickson (2004), "Resilient individuals use positive emotions to bounce back from negative emotional experiences". *Journal of Personality and Social Psychology*, núm. 86, vol. 2, pp. 320-333.

Vázquez, C., y G. Hervás (2008), *Psicología positiva aplicada*, Desclée de Brouwer, España.

_______ (2009), *La ciencia del bienestar. Fundamentos de una psicología positiva*, Alianza Editorial, España.

Wilson, D. S. y E. Wilson (2007), "Rethinking the theoretical fundation of sociobiology", *Quarterly Review of Biology*, núm. 82, vol. 4, pp. 327-348.

Capítulo 3

Los secretos de la primera infancia. Niños felices

Sandra Guadalupe Colín González

Introducción

Recuerdo que la infancia de hace más de 30 años era simple en comparación con la que viven los niños de hoy: en aquel tiempo jugábamos en la calle con hermanos, primos y vecinos; los juegos incluían canciones y rondas, y había que ser hábiles con las manos y los pies pues casi todos los juguetes requerían desarrollar ciertas destrezas. Algunos domingos eran de "día de campo" y entonces sí todos nos divertíamos, chicos y grandes: correr, brincar, rodar por el pasto y jugar en libertad en un inmenso espacio verde. En casa los quehaceres se compartían, se organizaban de acuerdo con el númerto de hermanos y la edad de cada uno. Los momentos de convivencia se disfrutaban compartiendo las emociones que cada quien sentía: "estoy contento", "me gusta", "qué tristeza me dio…", "qué divertido fue…", las risas –a veces el llanto– y los abrazos se manifestaban durante la mayor parte del día.

Actualmente muchas cosas son distintas. Basta observar a los niños en cualquier lugar de la urbe, particularmente, y los encontraremos con celulares en las manos o manipulando *tablets*, computadoras, aparatos electrónicos que los mantienen aislados y obstaculizan el desarrollo de sus habilidades sociales principalmente.

Estos niños, queridos o rechazados, esperan que los adultos a cargo de ellos les brinden atención, que los comprendan y los ayuden en el devenir de su vida para sentir bienestar y felicidad. Por este motivo, deseo compartir los aprendizajes adquiridos en el trabajo que por más de 31 años realicé con niños de dos meses a seis años, con la intención de que la información les sea útil en la toma de decisiones para impulsar el bienestar integral en la educación de los niños.

Familia y educación

Educar niños felices que cuenten con herramientas de vida para su bienestar es lo más importante para la mayoría de los padres de familia y es un campo de estudio de la psicología positiva. Para llegar a este objetivo es trascendental empezar desde la primera infancia.

¿Qué es la primera infancia? Es una etapa en la que los niños experimentan rápidos y profundos cambios, pues pasan de estar dotados de las capacidades elementales para sobrevivir y de una amplia gama de potencialidad a dominar complejas habilidades físicas, emocionales, cognitivas y sociales. Es la etapa más vulnerable del crecimiento, porque es en ella en la que se forman las capacidades y condiciones esenciales para la vida, siendo fundamental para el desarrollo cerebral, motor y psicológico de los niños (Merino, 2015).

El Fondo de las Naciones Unidas para la Infancia (UNICEF, por sus siglas en inglés) ubica la primera infancia desde el nacimiento hasta los cinco años de edad y la refiere como una etapa decisiva en la construcción de la identidad y el desarrollo de la autonomía; en ella se configuran las relaciones emocionales y afectivas, el desarrollo neurológico y físico, la interacción con el mundo exterior y los otros. Particularmente, el periodo que abarca desde el nacimiento hasta los tres años de edad es cualitativamente más que el comienzo de la vida; en realidad es "el cimiento de esta".

Durante el presente capítulo se expondrán algunos elementos que la psicología positiva, desde su campo de la educación positiva, pese a ser una disciplina joven, ya ha estudiado con resultados favorables para el bienestar de los niños en la primera infancia.

Como se sabe, la psicología positiva es heredera de muchas corrientes de investigación anteriores. No obstante, su importancia radica en haber unificado teorías e investigaciones dispersas acerca de los aspectos positivos del ser humano (Seligman, Steen, Park y Paterson, 2005).

Este enfoque de la psicología se ocupa principalmente de construir competencias, no de corregir deficiencias, y sus objetivos finales son lograr que las personas comprendan y construyan emociones positivas, así como propiciar el desarrollo de sus fortalezas personales para el bienestar individual y de las comunidades (Caruana, 2010).

El entorno, las condiciones de vida y la familia son los responsables de proporcionar amor y los cuidados necesarios para el óptimo desarrollo integral de los niños. Alrededor del año y medio de edad, los bebés entran en la etapa de los primeros pasos. Este avance se puede observar no sólo en destrezas físicas y cognitivas como caminar y hablar, sino en la manera en que los niños manifiestan su personalidad y en el modo en que interactúan con los demás.

Papalia, Wendkos y Duskin (2001) mencionan que son tres los aspectos psicológicos que los niños en esta etapa y las familias o las personas que los cuidan tienen que manejar: la formación del sentido de sí mismo, el crecimiento de la autonomía o autodeterminación y la interiorización de los patrones de comportamiento. Para favorecer el desarrollo psicológico de los niños, es importante comprender las características de estos tres aspectos:

La formación del sentido de sí mismo

Antes de que los niños puedan asumir la responsabilidad de sus propias actividades, deben tener un sentido cognitivo de sí mismos como individuos físicamente diferentes del resto del mundo. El conocimiento de sí mismos es el primer paso hacia el desarrollo de normas de comportamiento; permite a los niños entender que la respuesta del adulto ante algo que han hecho está dirigida a ellos y no sólo al acto mismo. Si en esta etapa un niño se forma una imagen negativa de sí mismo, ésta podrá acompañarlo hasta mucho tiempo después de haber superado la primera infancia.Pero ¿cómo empieza a desarrollarse el autoconcepto o sentido de sí mismo? Se inicia en la etapa de los primeros pasos, gradualmente el niño se va dando cuenta de la diferencia entre el yo y los demás. Stipek, Gralinski y Kopp (1990, citado en Papalia *et al.*,

2001), después de entrevistar a las madres de 123 niños de 40 meses a 14 años, propusieron una secuencia de cómo se desarrolla el sentido de sí mismo: a) autoconocimiento físico y autoconciencia; b) autodescripción y autovaloración; c) respuesta emocional ante los errores.

a) Autoconocimiento físico y autoconciencia. Alrededor de los 18 meses la mayoría de los niños pueden tener su primer momento de autorreconocimiento cuando se miran en un espejo y comprenden que están viendo su propia imagen, diferenciándola de la imagen de otras personas. Para favorecer el autoconocimiento físico y la autoconciencia es importante, partiendo de la realidad, resaltar en el niño factores físicos positivos que lo ayuden a reconocerse como un ser con características agradables, por ejemplo: "esa sonrisa tan bonita es de...", "estas manos lindas son de...", "tus ojos que todo ven son hermosos", etcétera.

Esta recomendación, y las subsecuentes, las obtuve de las observaciones que durante 31 años realicé con lactantes (niños de dos a 18 meses), maternales (de 18 a 24 meses) y preescolares (de tres a seis años); aprendí que los niños reconocen fácilmente en sí mismos las características —buenas y malas— que los adultos que los cuidan les resaltan, de aquí la importancia de hacer notar las características positivas de los pequeños.

b) Autodescripción y autoevaluación. Una vez que se inicia el concepto de sí mismo como seres diferentes de los demás, los niños empiezan con la aparición del lenguaje verbal, a aplicar términos descriptivos (*grande* o *pequeño*, *mucho*, *poco*) y evaluativos (*bueno*, *malo*, *feo*, *bonito*) a sí mismos. Normalmente esto ocurre entre los 19 y los 30 meses, cuando se amplía la capacidad de representación y el vocabulario.

La actividad conductora en este momento es la manipulación de objetos; el niño aprende en la interacción –tocar, mover, golpear, voltear– con los objetos y con las personas que los cuidan. La experiencia compartida estructura la percepción del niño al hacer que enfoque, separe los objetos y sus atributos. Los padres o las personas que cuidan a los niños usan palabras como *grande*, *pequeño*, *lejos* y *cerca* al mostrarles objetos; estas palabras les enseñan las características perceptibles y relacionales y dirigen su atención a ellas (Bodrova y Leong, 2004)

Es desde esta edad o antes cuando los adultos a cargo cooperan en la construcción o destrucción de la autodescripción de los niños. Los infantes de esta edad que viven constantes señalamientos negativos ("no te fijas", "no entiendes", "no puedes estarte quieto") se autoevalúan negativamente. No lo verbalizarán, pero conductualmente sí lo manifiestan, pues presentan comportamientos que comunican desagrado, como guardar silencio, aislarse, el lastimar a otros compañeros –con rasguños o mordidas–, no disfrutar los juegos, no seguir indicaciones, etc. Cualquiera de estas conductas que el niño empiece a adoptar es importante y la pregunta aquí sería: ¿qué me quiere comunicar el niño con esa conducta?

Por lo general, en esta etapa los adultos no dan importancia a los cambios significativos de conducta argumentando que los niños "están chiquitos". En efecto, están pequeños, pero eso no minimiza que, desde su sentir, algo no les guste o los altere de tal forma que los lleva a comportarse de manera diferente de como lo hacían comúnmente. Por el contrario, los niños quienes, de acuerdo con su comportamiento, se les reconocen sin exagerar sus aciertos sonríen con más frecuencia, disfrutan sus juegos y la interacción con otros niños y adultos, inician la práctica de la tolerancia a la frustración y muestran facilidad para adquirir nuevos aprendizajes.

Es necesario puntualizar que todo en exceso perjudica la educación de los niños. Si los adultos se dedicaran a resaltar sólo conductas aceptables en los niños, no los ayudarían a tener un parámetro para ir aprendiendo a diferenciar los comportamientos favorables de los desfavorables para su bienestar.

Así pues, colocarse en el extremo de resaltar la mayoría de las veces las conductas negativas o únicamente enaltecer las conductas positivas estará afectando de manera directa la autoevaluación del niño desde esta temprana edad. A los cuatro años el niño adquiere poco a poco una autodefinición más completa, las frases acerca de sí mismo son representaciones aisladas unas de otras. Su pensamiento aún es transductivo –va de lo concreto a lo concreto–, pasa de un aspecto en particular a otro sin conexiones lógicas. Por ejemplo: "Me llamo Santiago, vivo en una casa grande, mi hermana no juega conmigo, tengo muchos carros".

Entre los cinco y los seis años de edad comienza a relacionar un aspecto de sí mismo con otro, por ejemplo: "Corro muy rápido, nunca me alcanzan, siempre gano". Sin embargo, estas conexiones lógicas entre partes de la imagen que tienen de sí mismos todavía son expresadas en términos de todo o nada. Como lo bueno y lo malo son opuestos, el niño no puede ver que él podría ser bueno en algunas cosas y no en otras (Harter, 1993, citado en Papalia *et al.*, 2001).

En contraposición, la práctica me mostró que si trabajas continuamente con niños de cinco a seis años de edad y haces que noten cómo se les facilita una actividad y otra no, qué está bien, qué no es malo ni feo, ellos se autoevalúan con una visión más amable y, sobre todo, se animan a realizar las actividades que los ayudan a adquirir aprendizajes, así como a verbalizar lo que van sintiendo. Llegué a escuchar, cuando no hacían algo bien, frases como: "No importa, ¿verdad que está bien?".

c) *Respuesta emocional ante los errores.* Esta etapa llega cuando los niños muestran que están alterados por la desaprobación de una persona significativa para ellos mientras están siendo observados. Es en esta etapa donde se dan las bases del entendimiento moral y el desarrollo de la conciencia.

La educación hasta el siglo XX se basó casi únicamente en el desarrollo de habilidades cognitivas. En las escuelas y la casa se privilegiaba la adquisición de conocimientos. No fue sino hasta finales del siglo XX cuando surge la inteligencia emocional definida por Goleman (2000) y que consiste en tener habilidad para crear conciencia de las propias emociones y de las de los demás, es decir, ser capaces de regularlas.

Entender las emociones es importante para la socialización. Ayuda a los niños a controlar la forma de demostrar sus sentimientos y a ser sensibles a la manera en que los demás se sienten.

Por ejemplo, se puede ayudar al niño de uno a dos años utilizando el lenguaje verbal junto con mímica para explicar con más claridad y procurar que entienda que lastimar –rasguñar o morder– a un compañero no es bueno, pero que él puede dar una caricia o decir "lo siento", o "¿me perdonas?"; posteriormente intentará evitar lastimar de nuevo. En la mayoría de los casos, el bajo o nulo control de impulsos en los niños de esta edad es involuntario y de hecho algunos niños hasta se asustan y lloran cuando lastiman, porque no saben o no pueden controlar lo que están haciendo; para ayudarlos a comprender favorablemente lo que sucede o lo que les pasa, están los adultos.

Crecimiento de la autonomía y la determinación

A medida que los niños maduran en los aspectos físico, cognitivo y emocional, buscan ser independientes de los adultos con quienes están unidos. "Yo solo", "yo lo hago", son frases clave en los niños de la etapa de los primeros años, tratan de hacer todo por su cuenta: caminar, comer, vestirse, etc., ampliando así la frontera de su mundo.

Erickson (1950, citado en Papalia *et al.*, 2001) identificó el periodo entre los 18 meses y los tres años de edad como la segunda etapa o crisis en el desarrollo de la personalidad, que está marcada por un cambio del control externo al autocontrol. Los niños comienzan a utilizar su voluntad, en ocasiones de forma contraria a los dictados de las personas que los cuidan. El entrenamiento para lograr el control de esfínteres es un paso importante hacia la autonomía y el autocontrol. De la misma forma sucede con el lenguaje; cuando los niños adquieren mejor capacidad para hacer entender sus deseos van obteniendo más independencia.

Los "terribles dos años" son una manifestación normal del camino hacia la autonomía. Los niños de esta edad tratan de aplicar sus propias ideas, hacer valer sus propias preferencias y tomar sus propias decisiones. Esta manera de conducirse la demuestran en el negativismo, es decir, la tendencia a gritar "¡no!" como una forma de resistencia a la autoridad. Casi todos los niños en esta etapa manifiestan algún grado de negativismo, que suele comenzar a los dos años y llega a su máximo alrededor de los tres años y medio, descendiendo poco a poco hasta los seis años. Sin embargo, los padres de familia y las otras personas encargadas del cuidado del infante conceptualizan como rebeldía o berrinche estas expresiones de voluntad y de búsqueda de autonomía, llegando a sancionarlas drásticamente. Es importante permitir las expresiones de negativismo de los niños sin darles importancia. Se observará su disminución progresiva.

La interiorización de los patrones de comportamiento

Este aspecto involucra el desarrollo de la conciencia mediante la interacción con los otros y su medio ambiente, lográndolo por medio de la socialización y autorregulación.

Bodrova y Leong (2004) argumentan que los niños incrementan su capacidad de pensar conforme hablan y los adultos que los cuidan les comunican lo que pasa; el lenguaje se convierte así en una auténtica herramienta para comprender, aclarar y enfocar los acontecimientos.

La socialización es el proceso mediante el cual los niños desarrollan hábitos, destrezas y valores en la convivencia con los otros y su medio ambiente. En la interiorización de sus patrones de conducta el niño acepta como propios ciertos patrones sociales de comportamiento; por ejemplo, cuando lastima a un amigo porque se enojó, al verlo llorar comprende que no lo respetó, que le causó dolor y eso hace que se sienta mal, por lo que pide que lo disculpe. De esta forma inicia su entendimiento de los valores.

Otro aspecto con el que se llega a la interiorización de los patrones de comportamiento es la autorregulación, que es el control de su propio comportamiento para ajustarse a las normas de la familia o de las personas que lo cuidan; o también para evitar dañarse, aun cuando se encuentre solo. La autorregulación conecta todos los dominios del desarrollo: físico, cognitivo, social y emocional.

Cuando expresamos al niño la opinión sobre su conducta, se le ayuda a identificar que es él quien puede manejar su comportamiento, se le ayuda a entender que si quiere puede seguir haciéndolo, por ejemplo, "tú decides si quieres seguir llorando y te pierdes el juego" o "está bien si quieres ayudar a tu amigo a poner los juguetes en su lugar".

En otro orden de ideas, el juego es necesario en la primera infancia para fomentar el desarrollo de los niños. Sin embargo, la concepción popular del juego consiste en que es lo opuesto al trabajo pues incluye cualquier situación en la que las personas no son productivas o no están haciendo algo en particular. También se piensa que el juego es algo gozoso, libre y espontáneo. Esta visión del juego niega, sin embargo, su importancia en el desarrollo de los pequeños (Bodrova y Leong, 2004).

A lo largo de los años, muchos teóricos de la psicología han subrayado la importancia del juego en el desarrollo del niño. De acuerdo con Piaget, el juego tiene un papel fundamental en las habilidades mentales y en el desarrollo del niño. Piaget describe diversas etapas en la evolución del juego. La primera, llamada práctica o juego funcional, es característica del periodo sensoriomotor –va del nacimiento a los dos años– y se basa en la manipulación de objetos, teniendo como herramientas las percepciones y los movimientos organizados en esquemas de acción. En el juego funcional, el niño repite esquemas conocidos de acciones y del uso de los objetos; por ejemplo, bebe de una taza vacía porque juega a que está tomando leche (Serulnikov y Suárez, 1999).

El juego simbólico es la segunda etapa y aparece en el periodo preoperacional –va de los dos a los seis o siete años– en el cual diversas conductas indican la posibilidad que tienen los niños de remplazar en el pensamiento un objeto por una representación simbólica. Incluye el uso de representaciones mentales en las que los objetos pasan a ser representados por otros objetos. En el juego simbólico, un bloque podría ser un teléfono, un barco, un plátano, un perro o una nave espacial (Serulnikov y Suárez, 1999).

Por tanto, es indispensable que en la primera infancia su entorno tenga lo necesario para que por medio del juego pueda desarrollarse lo mejor posible. Los mejores materiales para proporcionar mayor posibilidad de desarrollo no son los electrónicos, sino los inanimados, porque será el niño el encargado de darles vida o de convertir ese material en lo que su imaginación le permita.

La tendencia actual a vivir en grandes ciudades limita la posibilidad del niño de jugar al aire libre con compañeros de su edad, pero no deben darse por vencidos, ya que esto significaría privarlos de vivir plenamente su etapa y de aprovechar fuentes de experiencias constructivas y de felicidad que no obtendrían de otra manera. Por ejemplo, se puede programar la salida a un parque público un fin de semana o tal vez una vez cada dos semanas.

Cuando papá o mamá juegan con su hijo le dan el mejor premio que el niño puede recibir; pero no sólo dan, también reciben mucho. Ya el hecho en sí de proporcionar momentos felices es gratificante, pero además los padres se divierten al jugar y tienen la oportunidad de sentirse niños, haciendo lo que les gustaba hacer o lo que no pudieron hacer a esa edad.

Para que los padres obtengan beneficios de su participación en el juego, es necesario que tanto ellos como los hijos disfruten de la compañía mutua, de los juegos que realizan juntos.

En el día a día durante mi trabajo escuchaba constantemente a los padres de familia preguntar a sus hijos al salir de la institución educativa: "¿qué hiciste?", "¿qué aprendiste?" y el niño contestaba "jugué". Ante esta respuesta generalmente los padres se molestan y reprenden al menor: "¡qué!, sólo jugaste, no hiciste nada". Otros padres pueden expresar su desacuerdo a la institución educativa porque sus hijos jugaron la mayor parte del tiempo, argumentando que no aprendieron nada, lo cual, como ya se sustentó, es completamente falso. El mejor medio de aprendizaje para los niños de la primera infancia es el juego.

Los medios ricos en estímulos favorables también provocan riqueza en la respuesta intelectual y emocional de los niños. Juegos como las escondidas, los encantados, las rondas infantiles, el avión, las canicas, la casita, etc., desarrollan habilidades de cooperación, competencia, tolerancia a la frustración, orientación al logro de las tareas sin necesidad de algún premio a cambio.

El ámbito donde los niños inician su desarrollo es la familia, por lo que uno de los principales retos para los padres es dar una buena educación a sus hijos. Algunos padres mencionan: "No quiero que mis hijos pasen por lo que yo pasé", "no quiero que sufran", "no quiero que les falte nada". En este orden de ideas, los padres contemporáneos se han dedicado a proporcionar al niño los juguetes o aparatos electrónicos –*tablets*, computadoras– más caros que pueden comprarles, sin tomar en cuenta si cubren alguna función en la educación del niño.

En los últimos años, la forma natural en que los niños interactúan con su ambiente se ha vuelto artificial y ficticia, tanto en su casa como en su entorno. La tecnología, en especial los videojuegos y la Internet, han propiciado que los niños sean más individualistas. Antes pasaban horas jugando con otros niños, desarrollando su socialización y practicando la colaboración; ahora pasan largos periodos de tiempo frente a un monitor interactuando artificialmente con amigos o viendo televisión. Así, el niño crece en un ambiente solitario, donde él es el que regula y controla su ambiente y fija sus normas de interacción (Prado y Amaya, 2012).

Algunos padres utilizan la televisión como un medio para entretener a sus hijos, convirtiéndola en una "niñera" económica y práctica. Sin embargo, en los estudios realizados por Robert Kubey (2002, citado en Prado y Amaya, 2012), se descubrió que el cerebro reacciona más pasivamente al ver televisión que al leer. Esta investigación demostró que la exposición a la televisión disminuye el funcionamiento cerebral y provoca un bajo rendimiento cognitivo en actividades posteriores. La televisión no sólo obstaculiza el trabajo intelectual o escolar, sino que además influye negativamente en el estado de ánimo del televidente. Kubey reporta niños más ansiosos y demandantes, y en algunos casos pueden mostrar conductas hiperactivas.

La influencia de la familia sobre el comportamiento de los niños en la primera infancia es tal que el niño se puede volver berrinchudo, llorón y voluntarioso, o el rey de la familia cuyos súbditos están para hacer su voluntad, o también un ser que va descubriendo sus capacidades y habilidades con la ayuda de sus padres. ¿A cuál de estos niños desea apoyar? El resultado se obtiene de acuerdo con la interacción que la familia establece con el niño y con los aspectos que le van reforzando.

Otro aspecto que interesa a los padres de familia es propiciar el desenvolvimiento de la autoestima positiva en el niño, con el fin de que afronte los problemas sin complejos ni miedos. Sin embargo, algunos padres consideran que la mejor manera de lograr una buena autoestima en su hijo consiste en que este no enfrente circunstancias que puedan llevarlo al fracaso, ya que ello provoca situaciones frustrantes que, según la concepción de los padres, le producirían un problema o una baja autoestima. Sin darse cuenta, este proceder de los padres proyecta en los hijos inseguridad e impotencia, pues el mensaje que les queda claro es: "Tú no puedes hacerlo, evita la situación de reto o yo lo hago por ti".

Lo que más necesitan los hijos es sentirse amados, comprendidos, respetados y valorados. Los padres son las primeras personas con las que los niños se relacionan y quienes influyen directamente en su proceso educativo. En un principio, la educación es imitativa; los niños adquieren muchas de sus respuestas observando las acciones de sus padres y lo que perciben en su ámbito externo. De esta manera, los infantes van adquiriendo usos y costumbres, ideas y tradiciones de la sociedad a la que pertenecen, para después involucrarse en la educación global (Mussen, Conger y Kagan, 1987).

La psicología positiva aborda desde el campo de estudio de la educación positiva las intervenciones que pretenden apoyar a los familiares de los niños en su educación. Para poder promover la educación positiva en los niños, se debe trabajar con las instituciones educativas y con los adultos (padres, educadores, cuidadores) para que cuenten con las herramientas que les faciliten el aprendizaje y promuevan el desarrollo de las habilidades de bienestar en los niños a su cargo.

La investigación ha demostrado que la puesta en marcha en las instituciones educativas de programas encaminados a la enseñanza de la inteligencia emocional, formación de las emociones positivas, desarrollo de las fortalezas personales, además de ayudar a disminuir la ansiedad y los comportamientos de riesgo, ejerce un impacto positivo en la vida de los niños, tanto en sus primeros años como en los posteriores.

Un ejemplo de ello es el famoso "efecto Pigmalión" , descubierto en un experimento que el psicólogo Robert Rosenthal llevó a cabo en un colegio (Rosenthal y Jacobson, 1968). El experimento consistía en realizar algunas pruebas a los alumnos de una clase y después darles los resultados a sus profesores y decirles que los alumnos que habían obtenido la puntuación más alta obtendrían los mejores resultados al final del curso. En realidad, la selección de esos alumnos había sido al azar y de ninguna forma reflejaba sus capacidades. Sin embargo, esta afirmación influyó de forma determinante en sus resultados y esos alumnos en verdad obtuvieron resultados brillantes al final del curso. No se trataba de que los otros estudiantes hubieran reducido su rendimiento, sino de que simplemente ese grupo floreció gracias a las expectativas de los maestros. La parte más interesante fue que –un año más tarde y cinco años después– se volvieron a realizar, a esos mismos estudiantes, las mismas pruebas de inteligencia y con ello se observó que su coeficiente intelectual había aumentado de manera significativa (Ben-Shahar, 2012).

La reflexión sobre este experimento es: ¿mintió Rosenthal a esos profesores? La respuesta es no; sólo los ayudó a ver el potencial que realmente existía en los alumnos. De esto es justo de lo que trata la educación positiva.

En esta misma línea, las escuelas como instituciones también están siendo retomadas como un lugar con una doble tarea en términos de la felicidad: debe ser un lugar feliz y un contexto para el aprendizaje de la felicidad futura. Por lo regular, una escuela es un lugar al que el niño quiere ir y donde le gusta estar. Si se asumiera esta tarea de forma rigurosa, significaría que uno de los objetivos primordiales de la escuela sería facilitar el bienestar de los niños. En general, este principio se acepta, se mantiene y se promueve en las escuelas de infantes, en las que el aprendizaje de contenidos es secundario, pero se deja de realizar cuando comienzan los periodos escolares marcados por un currículo académico que se impone sobre el bienestar (Moreno y Gálvez, 2010).

Aquí cabe señalar que por regla general se minimizan las enseñanzas académicas para el nivel de preescolar sin tener razón del todo, porque, como ya se mencionó, mediante el juego los niños adquieren muchos de los aprendizajes que serán la base de toda su vida.

Nuevas formas de educación

La educación positiva fue fundada por Martin Seligman, cuando comenzó a investigar el impacto de diferentes intervenciones en el nivel del aula. La escuela tiene un papel fundamental en el establecimiento y mantenimiento de valores culturales y sociales. Muchos niños y adolescentes pasan la mayoría de su tiempo en ambientes escolares. Gran cantidad de los sistemas educativos a menudo establecen un tono negativo. Los estudiantes deben sentarse en silencio y comportarse, o si no enfrentarán acciones disciplinarias. Por el contrario, la educación positiva presenta un nuevo paradigma y enfatiza las emociones positivas, los rasgos positivos del carácter, el significado y el propósito del estudio, y la motivación personalizada para promover el aprendizaje, con el fin de brindarle al estudiante las herramientas para vivir una vida plena dentro del entorno académico y más allá de él, sin descuidar las habilidades tradicionales de logro académico (Adler, 2017).

Una de sus principales intervenciones en educación positiva es el Programa de Resiliencia de Penn (PRP), desarrollado por Seligman, Ernest, Gillham, Reivich y Linkins (2009) en la Universidad de Pensilvania, en donde la mayoría de los niños había desarrollado actitudes negativas hacia la escuela, con técnicas antidepresivas fundamentadas en un formato interesante e interactivo. Así, durante el verano se desarrolló un programa de 24 horas, distribuido a lo largo de 12 semanas, en el que se utilizaban historietas, juego de roles, juegos convencionales, discusiones y videos para enseñar cada uno de los conceptos principales. Con técnicas como la cognitiva y la de resolución de problemas sociales se pretendía enseñar a los niños que los pensamientos son verificables y modificables, que no tienen que creerse necesariamente el primer pensamiento que les venga a la cabeza.

De esta forma, los estudiantes identificaban sus creencias negativas usando evidencias para evaluar con mayor precisión sus situaciones y eventos, para aprender estrategias de asertividad, negociación, toma de decisiones y relajación. Este programa se ha evaluado durante dos décadas en más de 3 000 alumnos de ocho a 22 años de edad y se ha aplicado en países como Estados Unidos, Reino Unido, Australia, China y Portugal. Los efectos perduran al menos por dos años y funciona igual para los niños de diferentes razas.

De igual forma, Seligman *et al.* elaboraron un programa de entrenamiento para niños que busca maneras creativas y atractivas de enseñarles las técnicas cognitivas esenciales para prevenir la depresión y superar la adversidad. Seligman *et al.* (2013) lo definen como inmunizar de la depresión a los niños desde la edad preescolar, tomando en cuenta dos componentes: el cognitivo y el social.

Este programa trabaja tres dimensiones fundamentales que los niños utilizan siempre para explicar por qué les ocurre un determinado acontecimiento, bueno o malo: duración, alcance y personalización.

1. Duración: sus pensamientos se sitúan en términos temporales (algo sucede a veces) o permanentes (algo sucede siempre). Consideran que las causas de los malos acontecimientos durarán siempre, se repetirán, o bien que son transitorias.

2. Alcance: pensamiento específico contra pensamiento global. Si el niño cree en una explicación específica puede sentirse incapaz en un ámbito, pero avanzar con decisión en los demás. Por el contrario, el que se aferra a una explicación global de sus fracasos se rinde cada vez que fracasa en un solo ámbito.

3. Personalización: interno contra externo. Aquí aborda el aspecto de quién es culpable frente a los malos acontecimientos. Los niños pueden culparse a sí mismos (interno) o bien pueden depositar la culpa en otra persona o circunstancia (externa). Los niños que habitualmente se culpan a sí mismos cuando fracasan poseen una baja autoestima, se sienten culpables y avergonzados. Los niños que culpan a otras personas y circunstancias se sienten mejor consigo mismos cuando sobrevienen malos acontecimientos.

Seligman *et al.* (2013) aclaran, en el tercer aspecto, lo siguiente:

- No se desea contribuir a crear generaciones de niños irresponsables e incapaces de decir "Lo siento, ha sido culpa mía".
- Los niños deben sentirse responsables cuando tienen la culpa de un problema y a continuación han de tratar de rectificar la situación.
- El objetivo principal del programa Niños Optimistas consiste en "enseñar a los niños cómo verse a sí mismos adecuadamente, de modo que asuman la responsabilidad y traten de modificar su conducta cuando los problemas sean culpa suya, y, en cambio, se despreocupen cuando no sea culpa de ellos" (p. 108).

Esta última dimensión se relaciona con la técnica que se ha utilizado con los niños de preescolar cuando manifiestan conductas inadecuadas (agresión, aislamiento, llanto, etc.) a causa de los problemas que tienen sus padres como pareja. En la terapia con el niño, por medio del juego, se busca aclarar al menor, con la misma información que la terapia proporciona, que él nada tiene que ver con los problemas entre su mamá y su papá y se le recuerda la responsabilidad que tiene consigo mismo de: disfrutar, ser feliz, jugar, divertirse, aprender. Los resultados de esta intervención resultan generalmente satisfactorios. Por tanto, es posible afirmar que los niños preescolares –de cuatro a seis años– pueden separar los problemas propios de los problemas de otros.

De manera análoga a estos modelos y concentrándose en adultos, Seligman (2011) sugiere un modelo de cinco pasos para el florecimiento humano, el modelo PERMA (por sus siglas en inglés):

1. Emociones positivas
2. Relaciones positivas
3. Involucramiento
4. Significado
5. Logros o metas alcanzadas

Otro programa que se elaboró desde la educación positiva, tomando como la atención plena, las fortalezas personales y basándose en el modelo PERMA, es el programa Aulas Felices (Arguis, Bolsas, Hernández y Salvador, 2012).

El objetivo del programa Aulas Felices es aportar al profesorado un manual que le permita conocer los fundamentos de esta corriente y, además, facilitarle estrategias y propuestas de actividades que puedan utilizarse en las aulas para desplegar al máximo los aspectos positivos del niño –sus fortalezas personales– y potenciar su bienestar presente y futuro. Es aplicable a alumnos de tres a 18 años y contiene 321 actividades para trabajar en el aula. Cada actividad viene especificada para el nivel de acuerdo con la edad cronológica de los niños, objetivo, desarrollo, recursos, tiempo y observaciones.

Otro modelo que involucra elementos de la educación positiva es el que ha incorporado a escala nacional el Reino de Bután en el Himalaya, al sur de Asia. Desde 1972 este pequeño país ha adoptado la felicidad interna bruta (FIB) en lugar del producto interno bruto (PIB) como su índice de progreso nacional. Este índice constituye la guía para la estructura institucional y la política pública del país (Adler, 2017).

Por fortuna, la educación positiva se continúa aplicando cada vez más en instituciones educativas de todo el mundo y México no debe ser la excepción para que los niños tengan acceso a los beneficios de las intervenciones de la psicología positiva en la educación. Adler (*op. cit.*) recomienda adaptar cada intervención al contexto en el que se está aplicando, lo que significa adaptarse también a las diferencias culturales, sociales y económicas para tener el máximo impacto.

REFERENCIAS

Adler, A. (2017), "Educación positiva. Educando para el éxito académico y para la vida plena", *Papeles del Psicólogo*, núm. 38, vol. 1, pp. 50-57. Disponible en: http://doi.org/10.23923/pap.psico2017.2821

Arguis, R., A. Bolsas, S. Hernández y M. Salvador (2012), Programa "Aulas felices". *Psicología positiva aplicada a la educación*, Zaragoza, Equipo SATI. Disponible en: http://www.aulasfelices.org

Ben-Shahar, T. (2012), "Hacia una cultura de alto rendimiento: el liderazgo positivo", en *Mesa redonda*, vol. 1, pp. 22-25. Disponible en: www.accenture.com/outlook

Bodrova, E. y D. Leong (2004), *Herramientas de la mente: El aprendizaje en la infancia desde la perspectiva de Vigotsky*, SEP/Pearson, México.

Caruana, A. (2010), "Aplicaciones educativas de la psicología positiva", Valencia. Disponible en: diversidad.murciaedu.es/orientamur/gestión/…/aplicaciones_ educativas.pdf

Erickson, E. (1950), "Childhood and society", en D. Papalia, S. Wendkos y R. Duskin, *Psicología del desarrollo*, McGraw Hill, Colombia.

Goleman, D. (2008), *La inteligencia emocional*, Vergara, México.

Harter, S. (1993), "Developmental changes in self-under-standing across the 5 to 7shift", en D. Papalia, S. Wendkos y R. Duskin, *Psicología del desarrollo*, McGraw Hill, Colombia.

Kubey, R. (2002), "Television Addiction is no mere metaphor", en E. Prado y J. Amaya, *Padres obedientes, hijos tiranos*, Trillas, México.

León, M. (2012), *Cómo enseñar virtudes y responsabilidad a los niños*, Horus, España.

Merino, M. (2015), "Educar las emociones. Una reflexión sobre los programas de educación emocional en la primera infancia a través de la lente de la psicología positiva", tesis para optar por el título de psicología, Universidad del Rosario, Bogotá.

Moreno, B. y M. Gálvez (2010), "La psicología positiva va a la escuela", *Boletín Electrónico de Salud Escolar,* enero-junio, núm. 1, vol. 6, Universidad Autónoma de Madrid.

Mussen, P., J. Conger y J. Kagan (1987), *Desarrollo de la personalidad en el niño,* Trillas, México.

Novoa, J. (1998), *Conceptos básicos para educar a los hijos,* Edivisión, México.

Papalia, D., S. Wendkos y R. Duskin (2001), *Psicología del desarrollo,* McGraw Hill, Colombia.

Seligman, M. (2014), *Florecer: La nueva psicología positiva y la búsqueda del bienestar,* Océano, México.

_______, R. Ernest, J. Gillham, K. Revich y M. Linkins (2009), "Positive Education: Positive psychology and classroom interventions", *Oxford Review of Education*, núm. 35, pp. 293-311.

_______, T. Steen, N. Park y C. Peterson (2005), "Positive Psychology Progress Empirical Calidation of Interventions", *American Psychologist*, núm. 60, vol. 5, pp. 410-421.

_______, K. Reivich, J. Jaycox y J. Gillham (2013), *Niños optimistas,* Debolsillo Clave, México.

Serulnikov, A. y R. Suárez (1999), *Jean Piaget para principiantes*, Era Naciente, Buenos Aires.

Stipek, D., S. Wendkos y R. Duskin (1990), *Psicología del desarrollo*, McGraw Hill, Colombia.

Capítulo 4

Calidad de vida y resiliencia en adultos mayores. Importancia de las redes sociales

Eugenio M. Saavedra Guajardo, Ana Castro Ríos y Cristian Varas Amer

Introducción

Prolongar el tiempo de vida es uno de los grandes desafíos de la Humanidad. En la mayoría de los países del mundo, desarrollados y emergentes, la esperanza de vida ha aumentado de manera considerable y, como consecuencia, se ha incrementado la población de adultos mayores en todo el mundo, en particular en los países desarrollados.

Este fenómeno está provocando un importante cambio social: ahora el desafío no sólo es aumentar la esperanza de vida, sino mejorar la calidad de vida de los adultos mayores.

Envejecer es un proceso natural y normal que inicia alrededor de los 30 años y se prolonga hasta la muerte. Este proceso difiere entre las personas e incluso varía entre los diferentes órganos biológicos de un mismo sujeto.

El envejecimiento se enmarca en el proceso de la vida humana, es un estadio del ciclo de vida que se expresa mediante la disminución de las capacidades.

Moragas (1998) propone tres tipos de vejez:

- *Vejez cronológica.* Relativa al cumplimiento de una edad determinada, a partir de los 60 años en el caso de las mujeres y de los 65 en el caso de los hombres. Esta edad coincide con el retiro de las actividades laborales formales.

- *Vejez funcional.* Se asocia con el vocablo *viejo*, es decir, la incapacidad o limitación que conlleva al cese de las funciones que antes se realizaban. No obstante, estas corresponden en muchas ocasiones a limitantes culturales más que a una real deficiencia en los adultos mayores.
- *Vejez como etapa vital.* Propone el rescate de esta etapa como positiva, distinta y única en la que el sujeto, si bien presenta limitaciones, también posee características y potencialidades distintivas que contrarrestarían tales desventajas.

  El progreso en la calidad de vida de un país determina el aumento de la edad promedio de su población. Chile no ha sido la excepción frente a esta situación. Durante las últimas décadas, el porcentaje de adultos mayores ha crecido significativamente en la población chilena, fenómeno que se acompaña de una disminución en las tasas de natalidad y mortalidad infantil. A su vez, la evolución positiva de estos indicadores refleja la confluencia de una serie de factores de tipo económico, social y cultural, entre los que destacan un mayor poder adquisitivo, mayor movilidad social y geográfica, y un incremento de los índices educativos de la población en general.

Chile, al igual que los países desarrollados, está viviendo una etapa de transición al envejecimiento demográfico de su población. En la década de 1960, se produjo una modificación en la estructura de la pirámide poblacional pues disminuyó el aporte porcentual de los menores de 15 años y aumentó el de los adultos mayores (Instituto Nacional de Estadísticas [INE], 1999).

Este fenómeno también se observa en los resultados del censo de 2012, en el que la tasa de natalidad fue de 1.45 en promedio por mujer y el crecimiento de la población de adultos mayores mostró un incremento sostenido.

En relación con los adultos mayores, esta etapa corresponde a aquellas personas que tienen 60 años o más, sin distinción de sexo. La población de adultos mayores representa 13% de la población total, de acuerdo con los datos de la Encuesta de Caracterización Socio económica 2006. De ese porcentaje, 56% de los adultos mayores son mujeres y 44% hombres.

La calidad de vida en los adultos mayores ha sido estudiada desde diferentes ángulos y disciplinas. Para el común de las personas, la calidad de vida se entiende como la capacidad adquisitiva que permite satisfacer las necesidades básicas, disfrutar de buena salud física y mental, y mantener relaciones sociales satisfactorias.

Entre los investigadores no hay un consenso pleno en torno al concepto de calidad de vida, tal vez porque involucra muchas variables subjetivas de satisfacción, percepción, felicidad y autoestima, entre otras.

Calidad de vida

Según Gatica (2000), la calidad de vida se entiende como un estado de bienestar, felicidad y satisfacción de un individuo que le otorga cierta capacidad de actuación, funcionamiento o sensación positiva de su vida.

Su realización es muy subjetiva, ya que se ve directamente influida por la personalidad y el entorno en el que vive y se desarrolla el individuo. De acuerdo con la Organización Mundial de la Salud (OMS), "la calidad de vida es la percepción que un individuo tiene de su lugar en la existencia, en el contexto de la cultura y del sistema de valores en los que vive y en relación con sus objetivos, con sus expectativas, sus normas, sus inquietudes. Se trata de un concepto que está influido por la salud física del sujeto, su estado psicológico, su nivel de independencia, sus relaciones sociales, así como su relación con el entorno".

En Chile, la Comisión de Actividad Física del Consejo Vida Chile ha propuesto varios indicadores para comprender el concepto de calidad de vida:

- Capacidad de satisfacer las necesidades que permiten el bienestar integral tanto de la persona como del colectivo.

- Estado de satisfacción de una comunidad o un grupo en las dimensiones física, mental, emocional, social y espiritual de su modelo de desarrollo.

- Concepto particularmente referido al individuo, grupo o comunidad, en el cual existe un óptimo bienestar de las dimensiones física, mental, emocional, social y espiritual. Incluye la integración familiar, participación comunitaria, apreciación estética y adopción de estilos de vida adecuados (alimentación sana, actividad física y calidad ambiental).

- Para el presente estudio, se entenderá como calidad de vida el "concepto referido particularmente a personas, grupos y comunidades que al interactuar con su medio logran bienestar en las dimensiones física, mental, emocional, social y espiritual" (Comisión de Actividad Física del Consejo Vida Chile, 2004).

La calidad de vida es un concepto complejo que involucra diversas variables: físicas, psicológicas, ambientales, sociales y culturales, que en el adulto mayor deben contextualizarse, es decir, expresarse en diversos ámbitos de la vida; por ejemplo, sentirse parte de un grupo familiar, de amistades y del proyecto de país. El adulto mayor debe poder satisfacer sus inquietudes y ver retribuido su esfuerzo laboral de tantos años; hay que tener presente siempre que es una persona que puede aportar a la sociedad y es indispensable que se sienta como un pilar de esta construcción.

Existe una diversidad de factores que inciden en la calidad de vida de los adultos mayores en su vida cotidiana. La tranquilidad, la protección familiar, el cariño y el respeto, la libertad de expresarse, el poder comunicarse y tomar decisiones, son factores que de una u otra forma se vinculan con su calidad de vida. En el ámbito familiar, el poder satisfacer necesidades de seguridad, estabilidad y pertenencia también influye en la calidad de vida de los adultos mayores (Vera, 2007).

La satisfacción de las necesidades de la especie humana es lo que condiciona la llamada "calidad de vida" y esta, a su vez, es fundamento concreto del bienestar social. La salud, la vivienda, la alimentación y la educación son las peticiones fundamentales por las que trabaja el

Servicio Nacional del Adulto Mayor, junto con las agrupaciones de adultos mayores.

La OMS (1995), para mejorar la calidad de vida de los adultos mayores, publicó un informe denominado Envejecimiento activo, cuyo objetivo es sugerir siete grandes desafíos a las políticas públicas de los países que están envejeciendo, principalmente en países emergentes como Chile:

1. El primer desafío se refiere a la doble carga que representan las enfermedades. Esta "doble carga de las enfermedades" tiene que ver con que en los países emergentes, en el ámbito de la salud, todavía están lidiando con enfermedades infecciosas, desnutrición y complicaciones perinatales, que se suman a las enfermedades no transmisibles, derivadas de la industrialización y los cambios en los modelos de vida. Este desafío se relaciona con el propósito de modificar los modelos de vida que se están llevando para disminuir y controlar el aumento de las enfermedades no transmisibles.

2. El segundo desafío aborda el mayor riesgo de discapacidad que poseen los adultos mayores. Tanto en los países desarrollados como en los emergentes las enfermedades crónicas son causa importante de diversos tipos de discapacidad, que resultan costosas y deterioran la calidad de vida. La independencia de los adultos mayores se ve limitada y amenazada cuando las discapacidades físicas o mentales complican en extremo llevar a cabo las actividades propias del diario vivir. El desafío es tomar medidas profilácticas y aplicar políticas públicas que disminuyan este tipo de enfermedades, así como generar acciones adaptativas viables para lograr una mejor calidad de vida.

3. El tercer desafío consiste en proporcionar asistencia a las personas que entran en la vejez. A medida que las poblaciones envejecen, uno de los mayores retos de la política sanitaria es encontrar el equilibrio entre la ayuda para el cuidado de la propia salud (personas que se cuidan por sí mismas), la ayuda informal (asistencia a los miembros de la familia y amigos) y la atención formal (servicios sociales y de

salud). Los países en general invierten un porcentaje significativo de sus recursos económicos para la salud institucional; sin embargo, es prioritario que la sociedad también genere instancias colaborativas en beneficio de mejorar la salud de la población. La población debe asistirse mutuamente, en especial entre los grupos etarios más vulnerables, como los infantes y los adultos mayores.

4. El cuarto desafío se refiere a la feminización del envejecimiento. Las mujeres viven más tiempo que los hombres, prácticamente en todas las zonas del mundo. Eso se refleja en una mayor proporción de mujeres de edad avanzada que de hombres. Debido a la mayor esperanza de vida de las mujeres, se ha incrementado la población de mujeres viudas que viven solas; por consiguiente, son mucho más vulnerables a la pobreza y al aislamiento social. De esta forma, el desafío consiste en focalizar las políticas públicas para desplegar acciones que tiendan a darles una mayor protección y desarrollo.

5. El quinto desafío alude a la ética y a las desigualdades. En la medida en que las poblaciones envejecen se perfilan una serie de consideraciones éticas que se vinculan con la discriminación en la asignación de recursos por criterios de edad, con cuestiones relacionadas con el fin de la vida y con una serie de dilemas asociados con los derechos humanos de las personas mayores en situación de pobreza y en situación de discapacidad. Las sociedades que valoran la justicia social deben esforzarse por asegurarse de que las políticas y prácticas mantengan y garanticen los derechos de todas las personas sin tener en cuenta la edad. El apoyo y la toma de decisiones éticas son estrategias clave para cualquier programa, práctica, política e investigación sobre el envejecimiento.

6. El sexto desafío tiene que ver con la economía de una población que envejece. Uno de los mayores temores de nuestra sociedad es que el rápido envejecimiento de la población produzca una explosión en la asistencia sanitaria y en los costos de la seguridad social. Aunque no hay duda de que las poblaciones, al envejecer, aumentarán las demandas en estos ámbitos, también existe evidencia de que la innovación,

la cooperación entre todos los sectores, la planificación anticipada basada en las experiencias empíricas y las opciones políticas y culturales apropiadas permitirán a los países gestionar con éxito la economía de una población que envejece, grupo que es cada vez mayor.

7. El séptimo desafío apunta hacia el nacimiento de un nuevo paradigma. El paradigma del adulto mayor como una persona enferma, dependiente y preocupada sólo de vivir su jubilación en forma pasiva está desapareciendo. El nuevo paradigma considera adultos mayores más participativos y protagonistas en una sociedad que integra el envejecimiento y que los ve como personas activas y beneficiarias del desarrollo. Su participación se forjará dentro de sus propias posibilidades y deseos. El aspecto medular es que la sociedad va a tener una visión mucho más positiva y participativa de esta etapa de la vida, se buscará una mayor dignificación de su rol y además se proyectará un futuro mucho más auspicioso para todas aquellas personas que son parte de esta etapa y las que lo serán.

Resiliencia

El término *resiliencia* viene del latín *resilio*, que significa "volver atrás, volver en un salto, resaltar, rebotar". En física, se refiere al fenómeno en el que los cuerpos tienden a volver a su estado original luego de haber sufrido deformaciones por efecto de una fuerza.

El concepto fue introducido en el campo de la psicología en la década de 1970 por el psiquiatra Michael Rutter, momento en el que la resiliencia se reducía a una suerte de flexibilidad social adaptativa.

Las ciencias sociales, especialmente la psicología, adoptaron el vocablo para describir y caracterizar a aquellos sujetos que, a pesar de vivir situaciones adversas, se desarrollan psicológicamente sanos y exitosos. Los seres humanos responden de manera diferente a estímulos similares. Lo propio ocurre frente a estímulos negativos o acontecimientos de adversidad o estrés, donde las reacciones de las personas serán variadas e incluso opuestas (Saavedra, 2008).

De acuerdo con lo expuesto arriba, se describen tres tipos de reacciones frente a estímulos dolorosos o adversos:

- Personas que frente al dolor o la adversidad reaccionan con conductas de vulnerabilidad frente al estímulo.
- Personas que permanecen indiferentes o que muestran una ausencia de reacción frente a la situación.
- Personas resilientes, es decir, personas que resisten los estímulos adversos y logran alcanzar una adecuada calidad de vida a pesar de las condiciones negativas en su desarrollo.

Las personas descritas en el último punto poseen la capacidad de construir de manera positiva frente a la adversidad, y su comportamiento se caracteriza por ser socialmente aceptable (Kotliarenco *et al.*, 1997, en Saavedra y Varas, 2008).

En el desarrollo histórico del concepto resiliencia se distinguen dos tipos de generaciones:

- La primera generación de investigadores se centró en diferenciar a aquellos sujetos que se adaptan a pesar de los pronósticos de riesgo que cada uno posee; es decir, se focalizó en el producto, en el ser resiliente.
- La segunda generación se abocó a determinar cuál es la dinámica entre los factores que permiten la adaptación positiva. Hizo hincapié en el proceso, la promoción y el contexto social, es decir: las personas aprenden a ser resilientes (Saavedra, 2006).

Kotliarenco *et al.* (1997) hacen un interesante compendio de las definiciones de resiliencia:

- Habilidad para surgir de la adversidad, adaptarse, recuperarse y acceder a una vida significativa y productiva.
- Historia de adaptaciones exitosas en el individuo que se ha visto expuesto a factores biológicos de riesgo o eventos de vida estresantes;

además, implica la expectativa de continuar con una baja susceptibilidad a futuros estresores.

- La resiliencia distingue dos componentes. Por un lado, la resistencia frente a la destrucción, esto es, la capacidad de proteger la propia integridad bajo presión. Por otro, la capacidad para construir un conductismo vital positivo pese a circunstancia difíciles. El concepto incluye, además, la capacidad de una persona o sistema social de enfrentar adecuadamente las dificultades de una forma socialmente aceptable.
- La resiliencia se ha caracterizado como un conjunto de procesos sociales e intrapsíquicos que posibilitan tener una vida sana viviendo en un ambiente insano. Estos procesos tendrían lugar a través del tiempo, dando afortunadas combinaciones entre atributos del niño y su ambiente familiar, social y cultural. De este modo, la resiliencia no es un atributo con el que nacen los niños ni lo adquieren durante su desarrollo; se trata más bien de un proceso interactivo entre estos y su medio.
- Concepto genérico que se refiere a una amplia gama de factores de riesgo y los resultados de competencia. Puede ser producto de una conjunción entre los factores ambientales, el temperamento y un tipo de habilidad cognitiva que tienen los niños cuando son muy pequeños.

Según Melillo y Suárez (2000), las definiciones del concepto de resiliencia ponen énfasis en las características del sujeto resiliente: habilidad, adaptabilidad, baja susceptibilidad, enfrentamiento efectivo, capacidad, resistencia a la destrucción, conductas vitales positivas, temperamento especial y habilidades cognitivas, todas ellas desplegadas frente a situaciones vitales adversas, estresantes, etc., que les permitirán atravesarlas y superarlas.

Además, dan a conocer que la resiliencia se produce en función de procesos sociales e intrapsíquicos; es decir, las personas no nacen resilientes, ni adquieren naturalmente estas características en el desarrollo.

Depende de ciertas cualidades del proceso interactivo del sujeto con otras personas, responsables de la construcción del sistema psíquico humano.

En relación con la resiliencia de los adultos mayores, existe poca evidencia científica que muestre información fidedigna. No obstante, en un estudio realizado con adultos mayores, Varas (2009) señala que este grupo etario posee más altos niveles de resiliencia que la población en general.

La resiliencia genera mayor comprensión y conocimiento práctico de los factores que protegen al sujeto de los efectos nefastos de las malas condiciones del ambiente familiar y social que lo rodean. Es aquí donde cobran importancia las redes de apoyo que deben tener las personas para hacer frente a las adversidades que les depara la vida.

Según Chadi (2000), las personas constantemente se insertan en diferentes contextos sociales, y a la vez participan e interactúan en varios niveles de organización. Estos niveles se conectan entre sí por medio de personas, grupos e instituciones generando vínculos significativos y redes de apoyo para desarrollar la vida en sociedad.

La suma de todas las relaciones que entablan los seres humanos, y que se consideran importantes y a la vez contribuyen a su propio conocimiento como personas, en relación con su entorno, constituye la red social de apoyo (Fernández, 1998).

García (1998) plantea, en relación con el trabajo en red, que la perspectiva de red faculta a mirar cualquier fenómeno de la realidad, poder articularlo, desarrollar intervenciones superpuestas desde lo micro hasta lo macro y viceversa, superando las carencias individuales mediante la articulación de recursos, en especial, lo que posee cada actor social.

Una persona puede tener la fortaleza intrapsíquica suficiente y las habilidades sociales necesarias, pero si carece de oportunida des para educarse o trabajar, sus recursos se verán limitados. Por tanto, generar respuestas resilientes se verá condicionado a la interacción del sujeto con su ambiente.

En esta dirección, la articulación entre los distintos enfoques actuales de la resiliencia puede generar un camino de respuesta, que considere diferentes dimensiones internas de la persona como lo hace el modelo de Grotberg (1996) y el modelo expresado por Saavedra (2004) que retoma el sentido histórico de la respuesta ante el obstáculo.

Como una manera de responder a este dinamismo, la escala SV-RES (Saavedra y Villalta, 2008) considera modalidades de interacción del sujeto: *a)* consigo mismo, *b)* con los otros y *c)* con sus posibilidades, en relación con distintos actos de conciencia para aprender y transformar proactivamente sus juicios sobre: *1)* la capacidad de generar metas orientadoras de la acción, *2)* la capacidad para resolver la situación problemática, *3)* la definición de sí mismo y *4)* la definición de la historia que lo constituye como tal.

Al articular estos modelos se distinguen 12 dimensiones, descritas como sigue:

1. *Identidad:* autodefinición básica, autoconcepto relativamente estable en el tiempo y caracterización personal.
2. *Autonomía:* sentimiento de competencia frente a los problemas, buena imagen de sí mismo, independencia al actuar y control interno.
3. *Satisfacción:* percepción de logro, autovaloración, adaptación efectiva a las condiciones ambientales y percepción de desarrollo.
4. *Pragmatismo:* sentido práctico para evaluar y enfrentar los problemas, orientación hacia la acción.
5. *Vínculos:* condiciones estructurales que sirven de base para la formación de la personalidad. Relaciones vinculares, apego y sistema de creencias.

6. *Redes:* condiciones sociales y familiares que constituyen un apoyo para el sujeto. Sistemas de apoyo y referencia cercanos y disponibles.

7. *Modelos:* personas y situaciones que sirven de guía al sujeto para enfrentar sus problemas. Experiencias anteriores que sirven de indicador frente a la resolución de problemas.

8. *Metas:* objetivos definidos, acciones encaminadas hacia un fin y proyección a futuro.

9. *Afectividad:* autorreconocimiento de la vida emocional del sujeto, valoración de lo emocional, características personales en torno a la vida emocional, tono emocional, humor y empatía.

10. *Autoeficacia:* capacidad de poner límites, controlar los impulsos, responsabilizarse por los actos, manejar el estrés y terminar lo propuesto.

11. *Aprendizaje:* aprovechar la experiencia de vida, aprender de los errores, evaluar el propio actuar y corregir la acción.

12. *Generatividad:* capacidad de crear respuestas alternativas frente a los problemas, construir respuestas y planificar la acción.

Metodología

Objetivo del estudio

Describir y comparar los niveles de calidad de vida y resiliencia en una muestra de adultos mayores pertenecientes a la Fundación de la Familia de la ciudad de Curicó, Chile, durante el primer semestre de 2012.

Tipo de estudio

Estudio de carácter cuantitativo, descriptivo correlacional, con una muestra intencional y una medición de tipo transeccional.

Muestra

La muestra estuvo compuesta por 82 adultos mayores, hombres y mujeres, pertenecientes a la Fundación de la Familia, sede Curicó, séptima región, Chile.

Instrumentos

- Escala de calidad de vida (Varas, 2010).
- Escala de resiliencia SV-RES (Saavedra y Villalta, 2008).

Recolección de la información

La recolección de la información estuvo a cargo de cuatro ayudantes de la Fundación de la Familia entrenados por los investigadores. Se realizó por medio de entrevistas individuales en los talleres organizados por la Fundación o en los domicilios de los adultos mayores.

Análisis

Para el análisis de los resultados se utilizó la estadística descriptiva considerando medidas de tendencia central, comparación de grupos y correlaciones.

Se comparó un grupo de adultos mayores que asistían a grupos o talleres en la Fundación (con red) con un grupo de adultos mayores que permanecían en sus domicilios o sólo asistían al comedor comunitario (sin red).

Resultados

La muestra total de adultos mayores encuestados para el presente estudio fue de 82 sujetos, 60 de ellos mujeres y 22 hombres. Lo anterior refuerza los resultados de estudios anteriores que señalan que las mujeres sobreviven más que los hombres.

Podemos observar que los hombres que asisten a talleres son el grupo menos numeroso. Del total de adultos mayores encuestados,

50 pertenecen a talleres y 32 no cuentan con esa red y permanecen preferentemente en su domicilio (véase el Cuadro 4.1).

Cuadro 4.1. Distribución de la muestra

	Con red	Sin red	Total
	46	14	60
Hombres	4	18	22
Total	50	32	82

Las mujeres presentan un nivel de resiliencia de 254 puntos, y los hombres alcanzan 230 puntos. Al comparar los grupos se constata que existe una diferencia estadísticamente significativa (véase la Gráfica 4.1.)

Gráfica 4.1. Niveles de resiliencia por sexo

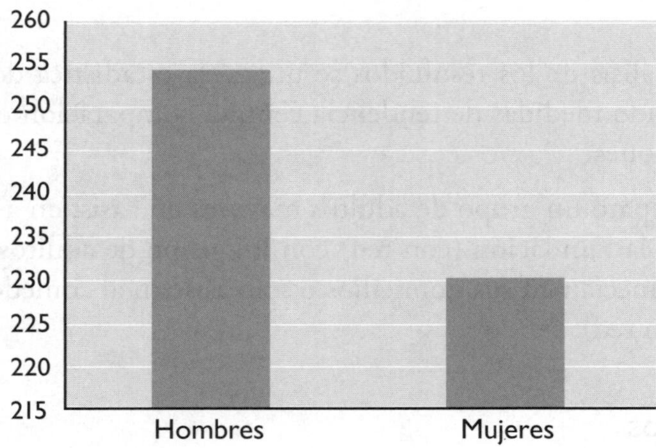

El promedio de resiliencia del grupo total alcanza los 248 puntos, en tanto que el grupo con red llega a 259 y el grupo sin red a 231 puntos (véase la Gráfica 4.2).

Al comparar estos dos grupos, se constata que existen diferencias estadísticamente significativas en sus niveles de resiliencia a favor del grupo con red.

Gráfica 4.2. Niveles de resiliencia de grupos con y sin red

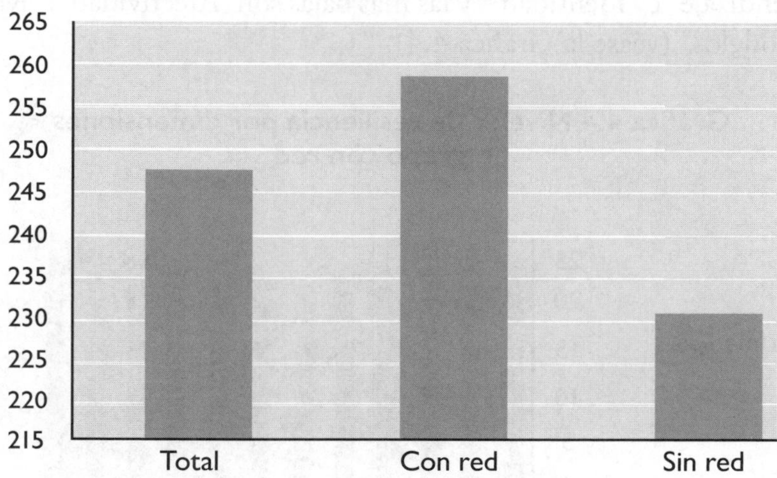

En la Gráfica 4.3, se muestra que las dimensiones "Satisfacción", "Aprendizaje" y "Pragmatismo" son las áreas más desarrolladas, mientras que las menos desarrolladas son "Metas", "Afectividad" y "Generatividad".

Gráfica 4.3. Niveles de resiliencia en la muestra total por dimensiones

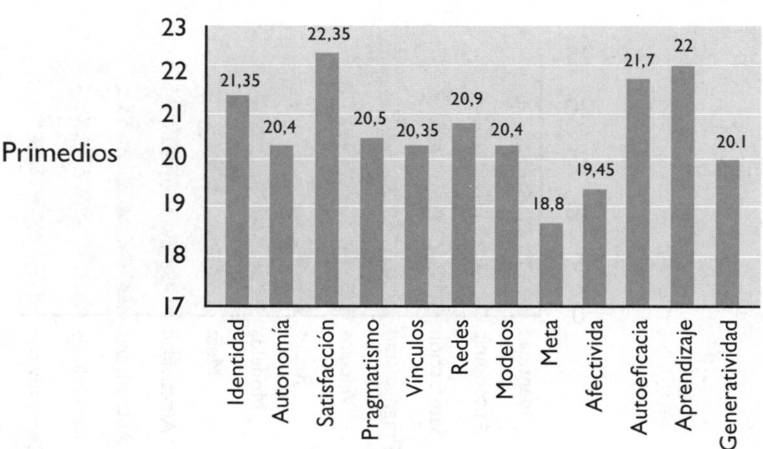

Las áreas más desarrolladas en el grupo con red son "Satisfacción", "Aprendizaje" e "Identidad", y las más bajas son "Afectividad", "Metas" y "Modelos" (véase la Gráfica 4.4).

Gráfica 4.4 Niveles de resiliencia por dimensiones en grupo con red

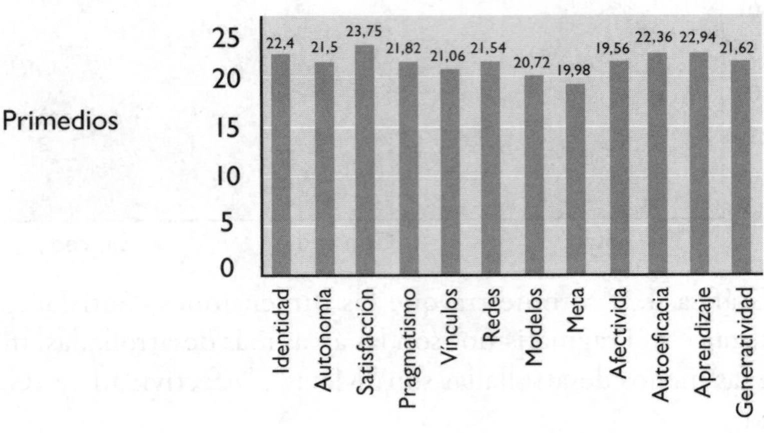

Gráfica 4.5. Niveles de resiliencia por dimensión en grupo sin red

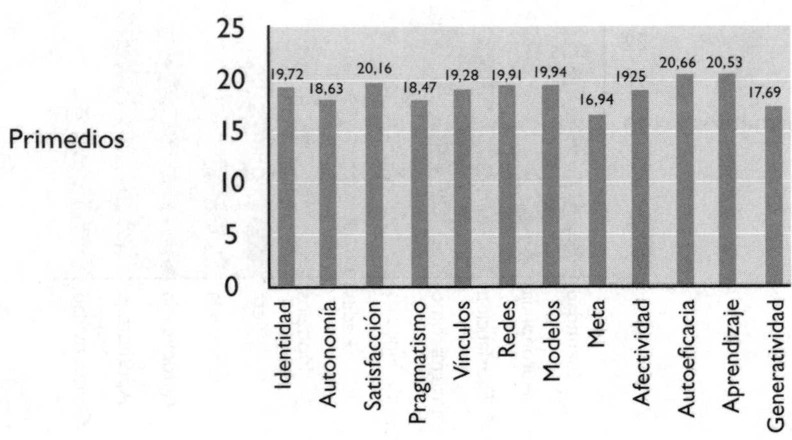

En la Gráfica 4.5 se observa que las áreas más desarrolladas en este grupo son "Autoeficacia", "Aprendizaje" y "Satisfacción"; sin embargo, todos los puntajes son claramente más bajos que en el grupo con red. Las dimensiones más bajas son "Metas", "Generatividad" y "Pragmatismo".

Las mujeres reportan un mayor nivel de calidad de vida (127 puntos) que los hombres (117 puntos). Esta diferencia también es estadísticamente significativa (véase la Gráfica 4.6).

Gráfica 4.6. Niveles de calidad de vida en el grupo total, por sexo

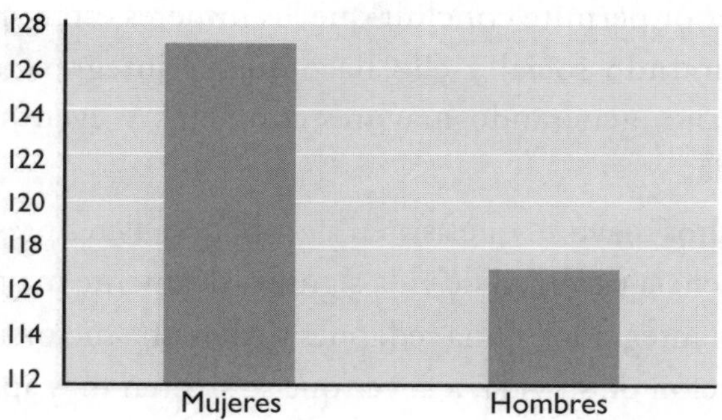

Los adultos mayores que asisten a talleres reportan un mayor nivel de calidad de vida (131 puntos) que quienes permanecen preferentemente en su domicilio sin pertenecer a un grupo (114 puntos). Esta diferencia es estadísticamente significativa (véase la Gráfica 4.7).

Gráfica 4.7. Niveles de calidad de vida por grupo con y sin red

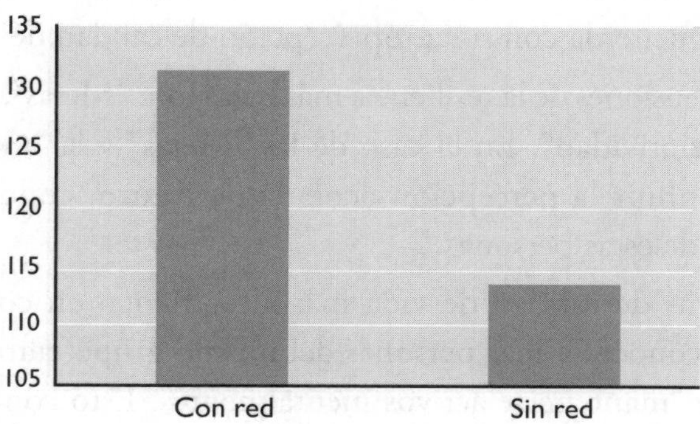

Al correlacionar la variable resiliencia con la calidad de vida, encontramos una correlación positiva alta, en torno a 0.65 (Pearson). Vale decir que existiría una fuerte relación entre estas dos variables.

Reflexiones finales

- Las mujeres del grupo de adultos mayores encuestados presentan niveles de resiliencia y calidad de vida significativamente mayores que los de los hombres. También participan más activamente en talleres educativos y recreativos que ellos.
- Lo anterior permite concluir que las mujeres están más conectadas con el mundo social y ello hace que se integren mejor al mundo externo, generando mayores contactos y eventualmente redes de ayuda.
- Los adultos mayores que asisten a grupos o talleres presentan un nivel de resiliencia y calidad de vida significativamente mayor que quienes no están integrados a una red, pues tienen una mejor autopercepción y valoración de su vida, a la vez que se sienten más apoyados por sus pares y las instituciones y los servicios sociales.
- Existe una relación positiva alta entre la resiliencia y la calidad de vida de los adultos mayores. Esto significa que hay una buena autopercepción para enfrentar las dificultades, a la vez que se perciben mejores condiciones de calidad de vida. Si potenciamos una de estas variables, es probable que la otra aumente.
- Las dimensiones de la resiliencia mejor desarrolladas por los adultos mayores son: "Satisfacción", "Autoeficacia" y "Aprendizaje". Lo anterior concuerda con su autopercepción de calidad de vida.
- Las dimensiones de la resiliencia más bajas son: "Metas", "Afectividad" y "Generatividad". En el caso de las "Metas" y la "Generatividad" puede influir la percepción acotada de futuro, condicionada por la edad de estas personas.
- Los ítems de calidad de vida más altos tienen en común el interés de "conocer a más personas del mismo grupo etario", "ayudar a otros" y "mantenerse activos mentalmente". Esto concuerda con la

visión positiva hacia la participación en actividades dirigidas a ellos, así como la ayuda social a otros.

- Los ítems de calidad de vida más bajos tienen en común poseer un bajo interés "por tener proyectos personales a futuro", "se sienten solos" y "además sienten desconfianza de los demás".
- Lo anterior se explica por el momento vital que atraviesan, con una percepción finita del tiempo y el temor a enfrentar una vida sin su familia, pues se han alejado de sus hogares.
- Hoy día, la esperanza de vida en los hombres chilenos alcanza los 85 años, en tanto que en las mujeres llega a 89 años. Esto debe replantear la situación de los adultos mayores, ya que sus capacidades mentales y físicas se han extendido por más años, y pone a discusión el tiempo de jubilación, la productividad de ellos, su capacidad de autovalencia y su integración real a la sociedad. Los programas de atención que inicialmente se pensaban con una proyección de diez años, hoy deben duplicarse en el tiempo y aprovechar las potencialidades activas de esos adultos, que mantienen vigentes sus capacidades y competencias. La imagen del adulto mayor dependiente, considerado una carga para los otros o para el sistema social, se aleja en el tiempo, mostrándonos a personas plenamente capaces y con motivación para integrarse por completo al mundo social.
- Concluimos que "no da lo mismo" pertenecer o no a un grupo o a una red en esta etapa de vida. El pertenecer a un grupo o a una red claramente genera oportunidades de aprendizaje, convivencia con otros, ayuda mutua, desarrollo afectivo y una autopercepción positiva de sí mismo, que proporcionan herramientas para enfrentar las dificultades en este tramo de la vida.

Referencias

Comisión de Actividad Física del Consejo Vida Chile (2004), *Guía para una vida activa*, segunda edición, Santiago de Chile.

Chadi, M. (2000), *Redes Sociales en el Trabajo Social,* Espacio, Buenos Aires, Argentina.

Fernández, G. (1998), "Las redes de la prevención en la drogodependencia", *Revista Perspectivas Sistémicas,* Año 11, número especial II.

García, S. (1998), *Medidas alternativas a la prevención de la libertad* (conferencia), Medellín, Colombia.

Gatica, P. (2000), *La condición física en la población escolar de la región del Maule Chile,* Universidad de Barcelona, División Ciencias de la Educación, Departamento de Teoría e Historia de la Educación: Programa de Doctorado.

INE (1999), *Chile y los Adultos Mayores. Impacto en la Sociedad del 2000,* Santiago de Chile.

Kotliarenco, M., I. Cáceres y M. Fontecilla (1997), *Estado del arte en resiliencia,* Organización Panamericana para la Salud, Washington, D.C.

Melillo, A. y N. Suárez (2000), *Resiliencia: descubriendo las propias fortalezas,* Paidós, Buenos Aires.

Moragas, R. (1998), *Gerontología social, envejecimiento y calidad de vida,* Herder, Barcelona.

OMS (1995), *El estado físico: Uso e interpretación de la antropometría,* Informe de un comité de expertos de la OMS, Ginebra.

Saavedra, E. (2004), *El Enfoque Cognitivo Procesal Sistémico, como posibilidad de intervenir educativamente en la formación de sujetos resilientes: Estudio de Casos,* Tesis doctoral, Universidad Valladolid, España.

________ y C. Varas (2008), *Relación entre rendimiento escolar, calidad de vida y resiliencia, de los estudiantes de enseñanza media de la comuna de Curicó,* Tesis para optar al grado de Magíster en Educación, mención Currículum y Administración, UCM, Talca.

________ y M. Villalta (2008), *Escala de Resiliencia* SV RES para jóvenes y adultos, Ceanim.

Vera, M. (2007), *Significado de la calidad de vida del adulto mayor para sí mismo y para su familia,* Anales de la Facultad de Medicina, vol. 68, núm. 3.

Capítulo 5

Compromiso con la vida. Una óptica diferente de la vejez desde la pobreza

Raúl Jiménez Guillén

Introducción

Los estudios sobre vejez y envejecimiento se plantean, hacia mediados de la década de 1980, romper con la concepción predominante que define que estos conforman una etapa o proceso de déficit y/o pérdidas. John Rowe y Robert L. Kahn (1987), miembros de la Fundación MacArthur, afirman que "en muchos conjuntos de datos que muestran una disminución sustancial promedio con la edad, *uno puede encontrar personas mayores con una pérdida fisiológica mínima, o ninguna en absoluto*, en comparación con el promedio de sus contrapartes más jóvenes" (p. 145).

Lo que descubren los investigadores del proyecto MacArthur es que, en comparación con personas de la misma edad, se presentan diferencias sustanciales que les permiten distinguir dos grupos: el formado por quienes presentan enfermedades y discapacidades y el de quienes no las presentan. A partir de ahí formulan la hipótesis de que la vejez y el envejecimiento pueden desarrollarse de forma patológica y no patológica.

A su vez, el envejecimiento no patológico se expresa de dos formas: una relacionada con pérdidas mínimas y otra que, por el contrario, registra ganancias producidas por acciones que realiza el sujeto y que no dependen de su herencia genética; actividades que son realizadas de manera planificada y consciente, a lo que denominan envejecimiento exitoso.

Este descubrimiento es similar a lo que le ocurre con Seligman (2006) en esos mismos años, cuando cuestiona el hecho de que la psicología se mantenga enfocada al estudio y la intervención de la enfermedad mental, de la patología, y poco haga para ayudar a las personas a tener una vida más productiva y satisfecha, e identificar y promover el talento.

El concepto de envejecimiento exitoso ha servido de base, no sólo para el desarrollo de la investigación, sino para el establecimiento de políticas públicas en los niveles mundial y local, como ocurre con la traducción realizada por la Organización Mundial de la Salud (OMS), que primero acuña el término *envejecimiento activo* (2015) y luego lo amplía a *envejecimiento activo y saludable*.

El elemento central de la tesis de Rowe y Kahn (1987, 1997) es que el envejecimiento exitoso es producto de la acción consciente e intencional del sujeto; es decir, puede producirse por acciones externas y no internas relativas sólo al proceso de envejecimiento. De ahí que la capacidad de agencia (Sen, 2000) sea un elemento central del proceso y el resultado del envejecimiento exitoso.

Amartya Sen (*op. cit.*) afirma que el desarrollo puede concebirse como "un proceso de expansión de las libertades reales de que disfrutan los individuos" (p. 18), en el que "la persona actúa y provoca cambios, y cuyos logros pueden juzgarse en función de sus propios valores y objetivos" (p. 35).

Estas características externas del envejecimiento exitoso, en particular en lo referente al compromiso con la vida, son las que se procura explorar en este trabajo con un grupo de adultos mayores de un nivel socioeconómico que el Instituto Nacional de Geografía y Estadística (INEGI) define como de "escasez o pobreza, que son el 12% de los hogares, con las peores condiciones de bienestar".

Rowe y Kahn (1997) definen el envejecimiento exitoso a partir de tres componentes ordenados jerárquicamente: baja probabilidad de enfermedad y discapacidad relacionada con la enfermedad, alta capacidad funcional cognitiva y física, y compromiso activo con la vida. Destacan que la "combinación con el compromiso activo con la vida es lo que representa el concepto de envejecimiento exitoso más plenamente" (p. 433).

El compromiso con la vida se observa mediante dos componentes: vida productiva y relaciones sociales.

En este capítulo se revisa la vida productiva en razón de que tiene un impacto importante en la concepción –y acción– que los adultos mayores despliegan para sobrevivir, porque no se conciben "como receptores pasivos de las prestaciones de ingeniosos programas de desarrollo" (Sen, 2000, p. 28).

Envejecimiento exitoso

Durante el siglo XX se desarrollaron diversos enfoques teóricos para abordar el envejecimiento. Surgieron muchas diferentes perspectivas, entre ellas la patológica, de la actividad, de la desconexión, de la continuidad, del desarrollo, de la máscara del envejecimiento, de la mascarada, y de selección, optimización y compensación (Liang y Luo, 2012). Sin embargo, son dos de estas teorías las que definen las líneas de investigación e intervención: la de la desvinculación y la de la actividad.

La teoría de la *desvinculación* (Cumming y Herny, 1961) plantea que, a medida que envejecen, las personas se retiran paulatinamente de las actividades y los compromisos sociales. La razón fundamental es que cambia el papel que juegan en la sociedad productiva y comienza la etapa de la jubilación.

A lo anterior se suma que muchos de los papeles activos que desempeñan los adultos mayores en la familia dejan de cumplirse, como un mecanismo para que las generaciones jóvenes tomen bajo su responsabilidad la vida familiar, social, económica y política. En concreto, el envejecimiento se define como un proceso de retiro paulatino de la sociedad activa.

Merchán y Cifuentes (2011) consideran que las premisas que sirven de soporte a esta teoría son las siguientes:

1. La desvinculación como un proceso universal; es decir, todas las personas mayores de cualquier cultura y momento histórico tienen tendencia al desapego de la vida social.

2. La desconexión o ruptura de vínculos entre el individuo y la sociedad es un proceso inevitable en el envejecimiento.

3. El desarraigo es intrínseco a todos los individuos y no está condicionado por variables sociales.

Frente a esta propuesta surge una teoría totalmente contraria, formulada por Havighurst (1961), en la que establece que la vejez, al contrario de la desvinculación, construye nuevas formas de relación que sustituyen a las que se han fincado a lo largo de la vida. El retiro del trabajo productivo es una característica que no define toda la vida, ya que es sustituido por otras formas de ocupación del tiempo, entre ellas las del trabajo voluntario y no remunerado.

Según la *teoría de la actividad*, para sentirse vivas las personas tienen que mantenerse ligadas de una forma diferente a su familia, a sus amigos, a la sociedad y en ese sentido, la participación y el compromiso resultan indispensables. Puesto que la sociedad capitalista valora mucho el trabajo, la actividad productiva se mantiene, aun que con una visión diferente ya que no es determinante para el sostenimiento o la sobrevivencia.

Kusumastuti *et al.* (2016) se preguntan:

> ¿Cómo pueden las personas envejecer con éxito? Sí: envejecer nos presenta una plétora de consecuencias debilitantes, entre las que se encuentran las discapacidades, el deterioro cognitivo y la pérdida de las relaciones sociales. Cuando asumimos que la salud es la fuerza impulsora del envejecimiento exitoso, al mismo tiempo que el envejecimiento se asocia con un mayor riesgo de enfermedades y pérdida de funcionamiento, esperaríamos que el envejecimiento se asocie con una disminución gradual del bienestar. En contraste con esta expectativa, investigaciones previas han demostrado que en muchos países

> alrededor del mundo, el bienestar general sigue un patrón curvilíneo que alcanza su punto más bajo en la mediana edad, pero aumenta a partir de entonces hasta la vejez (p. 4).

El punto de partida de Kusumastuti y su grupo es que si la salud es "la fuerza impulsora" de la vida en general y en particular de la etapa del envejecimiento, y esta presenta como características la discapacidad, el deterioro y la pérdida, de manera natural el proceso de envejecer significa una "disminución gradual del bienestar". Sin embargo, los descubrimientos de las neurociencias y otras disciplinas determinan que, si bien el proceso general en términos de funcionamiento registra deterioro, en algunas áreas se fortalece. Por ello, la concepción de la curva hacia la mediana edad, en lugar de caer se levanta para ciertas capacidades; así, el deterioro se convierte en potencialidad y explica que el envejecimiento se transforme de pérdida –o fracaso– en un proceso exitoso.

En Estados Unidos, con base en la teoría de la actividad, Rowe y Kahn reunieron a un grupo de 16 investigadores para desarrollar, durante 10 años (1984-1993), un proyecto de investigación que les permitiera "sentar las bases intelectuales y metodológicas para una nueva gerontología" (Hillgaard y Söderqvist, 2014). De ahí resurgió el concepto de envejecimiento exitoso, que se convierte en referencia para la investigación e intervención en todas las disciplinas y en todas partes del mundo y que se utiliza como base para que la OMS impulse la política del envejecimiento activo y saludable.

En el artículo "Human Aging: Usual and Successful" (1987) Rowe y Kahn mencionan:

> La investigación en envejecimiento ha enfatizado las pérdidas promedio relacionadas con la edad y *ha descuidado la heterogeneidad sustancial de las personas mayores*. Los efectos del proceso de envejecimiento en sí mismo han sido exagerados, y *los efectos modificadores de la dieta, el ejercicio, los hábitos personales y los factores psicosociales han sido subestimados*. Dentro de la categoría del envejecimiento normal, puede ha-

> cerse una distinción entre el envejecimiento habitual, en el que los factores extrínsecos aumentan los efectos del envejecimiento solo y el envejecimiento exitoso, en el cual los factores extrínsecos juegan un papel neutral o positivo. La investigación sobre los riesgos asociados con el envejecimiento habitual y las estrategias para modificarlos deberían ayudar a dilucidar cómo se puede facilitar la transición del envejecimiento habitual al exitoso (p. 143) (*cursivas RJG*).

El primer aspecto que Rowe y Kahn destacan es que el proceso de envejecimiento no es homogéneo, no se presenta de la misma forma en todas las personas ni en todos los grupos sociales ni –si se toma en cuenta que la investigación se realizó en Estados Unidos– en todas las razas. El envejecimiento es un proceso heterogéneo.

El segundo aspecto es la necesidad de diferenciar los factores intrínsecos de los extrínsecos. Los intrínsecos determinan ciertas características del proceso de envejecer, pero hay otras que inciden directamente en la forma de envejecer y se trata de actividades externas que quedan bajo el control del propio sujeto.

Si se considera que el envejecimiento es un proceso de pérdidas en lo biológico, lo psicológico y lo social, que determina que ser viejo implica estar enfermo y discapacitado, también se observa que hay personas que no presentan estas características, lo que lleva a diferenciar entre quienes envejecen de forma patológica y quienes no lo hacen.

Por su parte, el envejecimiento no patológico se desarrolla en dos líneas. En una se considera que el desgaste biológico, psicológico y social es natural, pero no resta autonomía, libertad o independencia al sujeto. En otra línea, el proceso no sólo no le resta, sino que le permite tener una vida más activa, desarrollada por la vía de mecanismos externos como el ejercicio, la dieta y la actividad, que es lo que califican como envejecimiento exitoso.

En 1997 Rowen y Kahn definieron las características del que llaman “envejecimiento exitoso”:

> Definimos el envejecimiento exitoso por tres componentes principales: baja probabilidad de enfermedad y discapacidad relacionada con la enfermedad, alta capacidad funcional cognitiva y física, y un compromiso activo con la vida. Los tres términos son relativos y la relación entre ellos (...) es en cierta medida jerárquica..., el envejecimiento exitoso es más que la ausencia de enfermedad, aunque importante, y más que el mantenimiento de las capacidades funcionales, por importantes que sean.
>
> Ambos son componentes importantes del envejecimiento exitoso, pero es su combinación con el compromiso activo con la vida lo que representa el concepto de envejecimiento exitoso más plenamente (p. 433) (cursivas del autor de este capítulo).

Desde la perspectiva de Rowe y Kahn, el envejecimiento exitoso tiene tres componentes que se ordenan de manera jerárquica. Ninguno de dichos componentes se produce de manera aislada; más bien, es la combinación de la triada lo que hace posible el denominado envejecimiento exitoso.

El concepto mencionado no es una propuesta original de Rowe y Kahn, sino de Havighurst, quien la planteó en 1961; sin embargo, no logró posicionarse hasta que surgió la propuesta derivada del proyecto MacArthur, liderado por Rowe y Kahn en 1987 y del que emanan otros conceptos como: envejecimiento óptimo (Baltes, 1989), envejecimiento efectivo (Curb, 1990), envejecimiento sólido (Garfein y Herzog, 1995), envejecimiento consciente (Moody, 2005) y envejecimiento armónico (Liang y Luo, 2012).

Como refieren Martison y Berridge (2015):

> El envejecimiento exitoso actualmente tiene una posición destacada en la investigación de gerontología social (Alley, Putney, Rice y Bengtson, 2010). Se convirtió en un modelo cada vez más popular después de la introducción de Rowe y Kahn de la distinción entre envejecimiento "habitual" y "exitoso" en 1987 y su trabajo posterior que explicaba los tres compo

nentes clave del envejecimiento exitoso: la prevención de enfermedades y discapacidades, el mantenimiento de función cognitiva y física, y compromiso social en 1997 (p. 58).

El metaanálisis realizado por Kusumastuti y su grupo (2016), quienes reunieron artículos y citas publicados sobre envejecimiento exitoso entre 1902 y 2015, permitió ordenar en dos grandes líneas el desarrollo de la investigación sobre envejecimiento exitoso, denominadas grupo Havighurst y grupo Katz (véase la Gráfica 5.1).

De acuerdo con dicho metaanálisis, los autores encabezados por Kusumastuti mencionan lo siguiente.

> El grupo de Havighurst consiste en publicaciones que discuten el tema del envejecimiento exitoso desde el punto de vista de la persona mayor.
>
> Estas publicaciones abogan por la urgencia de tener en cuenta las perspectivas de las personas mayores, ya que indican qué aspectos de la vida son importantes y en qué medida estos aspectos determinan la experiencia de éxito de las personas mayores.
>
> Por el contrario, las publicaciones incluidas en el grupo de Katz tienden a discutir el tema del envejecimiento exitoso simplemente desde la perspectiva de investigadores o clínicos. En general, este grupo examina las evaluaciones y predictores del funcionamiento físico cuantitativo, utilizando análisis como la categorización del envejecimiento exitoso (Kusumastuti *et al.*, 2016:6).

Este trabajo delinea a grandes rasgos las conclusiones de otros meta-análisis (Liang y Luo, 2012; Cosco, Prina, Stephan y Brayne, 2013; Hillgaard y Söderqvist, 2014; Cheng, 2014, y Martinson y Berridge, 2015).

Gráfica 5.1. Dos líneas de la investigación sobre envejecimiento exitoso

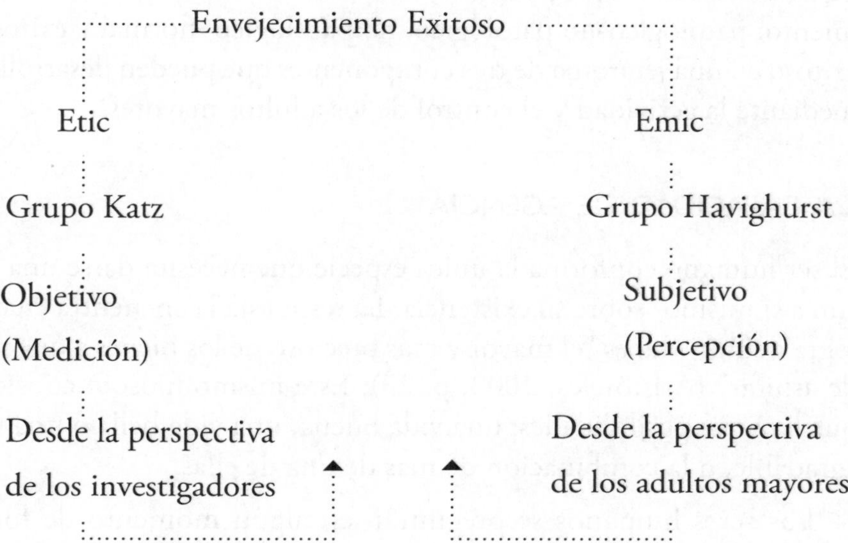

Fuente: Elaborado en 2018 por el autor de este capítulo con base en Kusumastuti *et al.* (2016).

Pero, como destacan Cosco, Prina, Stephan y Brayne (2013):

> Más de medio siglo después de la introducción del término "envejecimiento exitoso" (EE), no ha surgido una operacionalización universal ni una medida estandarizada de EE (Depp y Jeste, 2006). En una época en la que el enfoque del envejecimiento investiga las pérdidas, Rowe y Kahn primero diferenciaron entre envejecimiento "habitual", es decir, buen funcionamiento, pero con un alto riesgo de enfermedad y discapacidad, y envejecimiento "exitoso", lo que demuestra el alto nivel de funcionamiento en varios dominios, reconociendo la heterogeneidad sustancial de las trayectorias de la salud en la vida posterior. Esto precipitó un importante cambio paradigmático, que catalizó una mayor investigación en alternativas al deterioro lineal en la vejez (p. 1).

La propuesta de Rowe y Kahn resulta original porque ubica las posibilidades del envejecimiento en factores externos y bajo el control de las personas, en lo que podría considerarse una tipología de envejecimiento: patológico-no patológico, no patológico=normal y exitoso y exitoso en una jerarquía de tres componentes que pueden desarrollarse mediante la actividad y el control de los adultos mayores.

La capacidad de agencia

El ser humano conforma la única especie que necesita darse una "razón a sí mismo" sobre su existencia. La respuesta la encuentra cuando logra definir cuál es "el mayor y más precioso de los bienes a que puede aspirar" (Aristóteles, 2003, p. 23). Este mismo filósofo considera que hay tres posibilidades: una vida buena, una vida bella o una vida agradable, o la combinación de más de una de ellas.

Los seres humanos se preguntan en algún momento de forma racional: "¿A qué vine a esta vida? ¿Cuál es el fin?" y en ese sentido, resulta necesario o ha resultado necesario que, en lo individual y como sociedad, hagan una imagen de sí mismos que consideren posible construir como producto de su acción, como resultado "directo de su esfuerzo".

Nosotros partimos de la premisa de que la existencia de cualquier persona –sin importar su raza, credo, ideología, religión o nivel socioeconómico– está en razón de contar con las posibilidades de construir una vida que merezca ser vivida. Y a esto puede llamársele desarrollo humano, como suele denominarse el proceso de expansión de la educación, la asistencia sanitaria y otros aspectos de la vida humana.

Los seres humanos viven en un mundo de "privación, miserias y opresión" en el que aspiran a "vivir bien mientras están vivos". El único medio y fin para lograrlo, apunta Amartya Sen (2000:19), es el "proceso de expansión de las libertades reales de que disfrutan los individuos". Las personas tienen capacidades individuales y las sociedades construyen oportunidades sociales, y la relación entre unas y otras es lo que determina la agencia de los sujetos.

Para Sen (*op. cit.*, p. 16), el desarrollo "consiste en la eliminación de algunos tipos de falta de libertad que dejan a los individuos pocas opciones y escasas oportunidades para ejercer su agencia razonada". Con suficientes oportunidades sociales, los individuos pueden configurar su propio destino y ayudarse mutuamente.

Desde este enfoque, los individuos han de verse como seres que participan activamente –si se les da la oportunidad– en la configuración de su propio destino, no como meros receptores pasivos de los frutos de ingeniosos programas de desarrollo. "La persona que actúa y provoca cambios y cuyos logros pueden juzgarse en función de sus propios valores y objetivos, independientemente de que los evaluemos o no también en función de algunos criterios externos" (*op. cit.*, p. 35).

Las estructuras condicionan, pero no determinan lo posible. La libertad de agencia es la capacidad de tomar iniciativas para iniciar procesos, para innovar contra las leyes de la estadística, a partir de la negación crítico-práctica de lo instituido.

"Una acción –dice en un sentido semejante Anthony Giddens– nace de la aptitud del individuo para 'producir una diferencia' en un estado de cosas o curso de sucesos preexistentes" (Tubino, 2015, p. 16).

Siguiendo el enfoque de desarrollo humano y capacidad de Sen, Sabina Alkire (2008) elaboró una monografía sobre "conceptos y medidas de la agencia", en la que parte de reconocer que del concepto de Sen se derivan cinco características:

- La agencia se ejerce con respecto a objetivos múltiples; de hecho, la agencia no puede definirse excepto en relación con objetivos.
- La agencia puede incluir tanto el poder efectivo como el control. El poder de la persona o grupo para lograr los resultados elegidos y el control como la capacidad para tomar decisiones y controlar los procedimientos.
- La agencia tiene que ver con la libertad de bienestar, y con cualquier objetivo que la persona considere importante para ella misma, su comunidad u otra entidad o grupo.

- La agencia está relacionada con las metas que la persona valora.
- La agencia incluye una evaluación de la responsabilidad del agente responsable.

Esto, desde la perspectiva de Alkire (2008), plantea problemas para medir la agencia, porque "supone que la conversión de los activos en agencias se produce de manera uniforme (lo que no ocurre)… las ampliaciones de agencia causadas por un desencadenante diferente (o sin desencadenante externo) pueden pasarse por alto… [y] es imposible explorar las interconexiones entre la agencia y la pobreza cuando se usan los mismos indicadores para representar ambos fenómenos".

Por lo anterior, propone cuatro medidas directas de agencia, las cuales analizaremos en seguida.

Primera. El pluralismo de los tipos de agencia:

> La pluralidad conceptual de agencia da lugar en medida a una preferencia por medidas multidimensionales de agencia. La elección de utilizar solo una medida global para este concepto de agencia podría necesitar ser justificada por características empíricas de los datos. En ausencia de tal justificación, las medidas de agencia plurales o multidimensionales serán apropiadas (Alkire, 2008, p. 10).

Lo anterior porque a veces las personas ganan agencia en un aspecto de su vida, pero eso no determina que automáticamente obtengan mayor agencia en todas las esferas de ella. En algunos casos sucede lo contrario, por lo que es importante incorporar varios dominios.

Segunda. El poder efectivo y control:

> ...la agencia se trata de… los medios para visualizar y tomar decisiones que pueden conducirles a escapar de la pobreza. Se enfatiza el término "puede" porque la probabilidad de este resultado será producto de dos amplias fuerzas: incentivos y estructuras en la sociedad en general… más los activos y capa-

> cidades, tanto individuales como colectivos, que las personas pobres y desfavorecidas pueden reunir en la búsqueda de sus objetivos (Narayan y Petesch, 2007) (Alkire, 2008:14-15).

Las posibilidades no están sólo en la persona, sino en las condiciones materiales de existencia. El ser humano tiene capacidades, pero estas encuentran posibilidades en las oportunidades sociales y en la decisión de aprovecharlas, lo que a veces afronta dificultades ya que muchas libertades no pueden ejercerse de manera individual.

Tercera. La promoción de la libertad de bienestar:

> Las personas pueden no captar su poder efectivo esencial, y tal supervisión puede alimentar la inacción (...). Además, si las personas tienen el poder de efectuar cambios para el bienestar de los demás, se les puede alentar a considerar su "obligación imperfecta" de usar ese poder en nombre de otros" (Sen, 1999; Annd y Sen, 2000; Sen, 2000) (Alkire, 2008, p. 17).

La capacidad de agencia lleva consigo una responsabilidad y es que no es posible individualizarse; aunque sin duda se trata de una capacidad individual, no puede aislarse y dejar a los otros a la deriva, bajo el pretexto de ¿qué podemos hacer? Más bien, tiene que asumir el compromiso de ayudar a los demás, porque reconoce que tienen derechos por el simple hecho de ser humanos.

Cuarta. Autonomía:

> Una persona es autónoma cuando su experiencia se experimenta voluntariamente y cuando respalda plenamente las acciones en las que está comprometido y/o los valores expresados en ellas. Por lo tanto, las personas son más autónomas cuando actúan de acuerdo con sus intereses auténticos o sus valores y deseos integrados (Alkire, 2008, p. 19).

Como apunta Leyva (2015):

> Una persona ejerce su aspecto de agencia cuando decide por sí misma, cuando actúa con autonomía. Las razones de las decisiones nacen de un proceso de deliberación, no se basan en meros caprichos o impulsos. La acción emprendida expresa un propósito consciente de transformar el mundo, alcanzar una meta razonablemente valorada. Es más, se puede decir que no existe acción de agencia si el propósito no es buscado intencionalmente y con plena conciencia de su valor. Quien alcanza las metas valoradas, en ese mismo instante, se transforma en el autor de su vida, en el timonel de su destino (p. 15).

Martha Nussbaum (2007) afirma categórica que: "la tarea de integrar a las personas [adultas mayores] en el espacio público es una tarea pública, que requiere de una planificación pública y un uso público de los recursos" (p. 174) y opera "con una lista que es la misma para todos los ciudadanos, y parte de la noción de un umbral para todas las capacidades, concebido como un mínimo por debajo del cual no es posible una vida digna" (pp. 184-185).

El enfoque de capacidad "parte de una concepción política del ser humano y de una vida acorde con la dignidad del ser humano" (p. 185); es un enfoque orientado a resultados, porque parte "del potencial práctico".

Los viejos en Tlaxcala

En Tlaxcala, al viejo se le conoce con el término náhuatl *huehue o tiachca*. El adjetivo sirve para destacar que se ha alcanzado a vivir muchos años (huehue) pero, sobre todo, que se ha aprendido a servir y se llega a la cima (tiachca),[1] lo que significa conocimiento, reconocimiento y respeto de la comunidad.

---

[1] *Teachka* puede interpretarse lingüísticamente al menos de dos formas: La primera interpretación alude al carácter religioso del cargo: *-te* puede derivarse del adjetivo *teotl* (divino, sagrado); *-ach* proviene de *achtli* (semilla); *ka* indica el posesivo *kauh*, el cual señala una relación entre sujetos más que una posesión. La unión vocálica

Romero, Jiménez y Romano (2009) refieren que en Tlaxcala:

> Las comunidades nahuas de la Malinche preservan un sistema de cargos cuya estructura organizativa vincula a nivel local los universos políticos y religioso. El sistema de cargos es una institución constituida por una estructura de jerarquías tradicionales, sostenida por una base social que comparte el culto a las creencias religiosas y se sujeta al control de autoridades políticas tradicionales; es decir, la obediencia, la participación y el trabajo no remunerado se organizan en torno a la espiritualidad y la pertenencia comunitaria (p. 124).

Hasta la década de 1960, hacer una carrera cívico –religiosa implicaba que los varones, tras su matrimonio civil o religioso, sirvieran en los puestos públicos de su comunidad mediante el patrocinio de cargos religiosos y políticos, los cuales se basaban en una organización jerárquica y en cofradías y ramales, con una participación en ascenso. La elección era por consenso y nombramiento comunitario.

Entre los 17 y los 20 años de edad se iniciaba la carrera; si era en el ámbito religioso, se desempeñaban las tareas de campanero (tocar las campanas) o *topil* (aseo y cuidado del exterior del templo). Si era en el ámbito civil, se comenzaba como *tequihua* (mandadero de la agencia municipal, hoy presidencia de comunidad).

Esto los llevaba por un proceso hasta alcanzar el nivel de mayordomo de santos chiquitos, para lo cual pasaban por cuatro o cinco cargos (campanero, portero, escribano, mayor, teniente y fiscal) que

---

de *o* y *a* podría generar una contracción fonética y pasar de *teoachka* a *teachka*. En esta versión la interpretación del significado sería: *el que es semillero de lo sagrado*.La segunda interpretación difiere en el significado de *-te*, y se lo asigna a la raíz *tetl* (piedra). Pero esta raíz *–te* funciona como prefijo pronominal indefinido para personas, que, en otras palabras, se utiliza para referirse a una *persona* de forma indefinida, así como decir *gente*. En el pensamiento náhuatl, las piedras se refieren a las personas, pues estas deben estar cimentadas sobre bases firmes. En esta segunda interpretación, el significado sería: *el que es semillero de personas*, o *el que siembra personas* (Xelhuantzi, 2008)

desempeñaban por periodos de uno a tres años. Después llegaban a mayordomos de barrio y si lograban escalar ascendían al mayor nivel, el de fiscal.

Lo anterior implica que para alcanzar una posición de prestigio se requerían cuando menos 20 años y, dado que la carrera por la jerarquía no era continua sino que registraba descansos, quienes llegaban a fiscal contaban con 50 años cuando menos y pasaban a formar parte de los *tiachcas*, por ser las personas más responsables, más experimentadas y más sabias.

El tiaxca ocupa el lugar más alto dentro de esta jerarquía debido a que pasó por todos los niveles; de tal forma, a esa edad se le considera como anciano.

En el caso de la mujer, el autoconcepto está definido por el papel que les corresponde ejercer como esposa, madre y viuda, "ya que fueron instruidas y preparadas desde niñas para cumplir acciones y roles domésticos que perduran en la edad avanzada: la obligación de toda mujer es realizar el cuidado y aseo de la casa" (Carrasco, 2008, p. 30).

El proceso de industrialización y urbanización provoca cambios en las formas de organización social; hace que los viejos sean desplazados por los jóvenes en los cargos porque se toma muy en cuenta la aportación financiera requerida para el desempeño del servicio. En ese sentido la jerarquía cívico-religiosa sigue funcionando, pero no el proceso para alcanzar la jerarquía.

Como apunta un cronista de las ciudades de Tlaxcala y Zacatelco: "Antes eran tomados como consejeros; en cambio hoy, en términos generales, están marginados". Para conocer de manera directa el concepto de compromiso con la vida, en particular con el rubro de mantenerse productivo, se tiene en cuenta el trabajo, con la diferencia de que este no se hace de forma voluntaria y no remunerado, sino por necesidad.

Para esta investigación construimos una muestra con base en los siguientes criterios:

1) Mayores de 60 años

2. Nacidos en la entidad
3. Ubicados en espacios públicos (tiendas, mercados, plazas públicas o calle) de los municipios de Calpulalpan, Huamantla, Apizaco, Chiautempan, Zacatelco y Tlaxcala
4. Que aceptaran sostener entrevistas
5. Que autorizaran su publicación

Las entrevistas se llevaron a cabo en espacios públicos porque se pretendía construir una muestra con personas mayores de 60 años que estuvieran realizando actividades de manera individual, lo que demostaraba que eran productivas (aun quienes se dedicaban a pedir limosna, que son dos personas).

Durante tres meses –de junio a agosto de 2006– se recorrieron los centros históricos de las cinco ciudades y se realizaron 118 entrevistas. De estas, después de su revisión, resultan útiles 93, 27% de las cuales (25) correspondieron a mujeres y 73% (68) a hombres. En principio, eso confirma la idea de que la calle es un espacio reservado para los hombres.

Por grupos de edad, 25% pertenecía al rango de 60-64 años de edad; 17% al de 65-69 años; 27% al de 70-74; 7.5% al de 75-79; 13% al de 80-84; 6.5% al de 85-89 y 4% al de 90 y más (véase el Cuadro 5.1). Cabe destacar que a partir del grupo de 85 años en adelante no se registró ni una sola mujer; por otra parte, 69% eran personas de 60-75 años y 31%, mayores de 90 años (el de más edad era un hombre de 94 años).

Uno de los primeros elementos que destaca es que la mayor parte de la población que se encuentra en la calle realiza actividades productivas, muchos como vendedores ambulantes, y en menor medida lleva a cabo trámites burocráticos, particularmente en defensa de tierras.

Otra constante es que casi todos –hombres y mujeres– son personas que se han dedicado y se dedican al campo, pero por el tamaño tan pequeño de las parcelas o la falta de recursos para trabajarlas, siguen trabajando en la calle, algunas para vender directamente los pocos productos que logran producir y otras para obtener dinero líquido que les permita adquirir lo que no producen.

Para efectos prácticos, hablo en el presente sobre los resultados del estudio. De los 93 entrevistados únicamente seis reciben una pensión (dos maestras jubiladas, dos ferrocarrileros y dos obreros) pero la cantidad es baja –en promedio mil 900 pesos mensuales– que no alcanza para sobrevivir. Por consiguiente, su actividad en la calle se convierte propiamente en la forma de lograrlo.

Algunos de los adultos mayores todavía contribuyen con el gasto familiar o ayudan a sus hijos y sus nietos para que puedan asistir a la escuela. En su mayoría, no quieren convertirse en una carga para sus hijos y prefieren seguir trabajando "en lo que se pueda". Y es que si no hacen nada, se siente inútiles o creen que se van a "quedar fríos".

Una característica de la población entrevistada es que no tienen una visión pesimista de la vejez. En ellos prevalece la idea de que hay que mantenerse activos y hasta el último momento de su existencia deben trabajar para sostenerse y no "convertirse en una carga para nadie".

En relación con los programas gubernamentales, salvo dos, la mayoría de nuestros sujetos no recibe dinero de ninguno, a pesar de que han sido "entrevistados" o "censados" y participan en reuniones o asambleas a las que se les convoca. Sólo reciben algo durante "las campañas electorales", ya que les piden su credencial de elector a cambio de la entrega de 100 o 200 pesos, una cobija o alguna otra "limosna".

Las instituciones gubernamentales donde realizan trámites los mantienen esperando "horas y horas" y al final "ni los escuchan, ni los atienden" y algunos llevan "gastando" en sus trámites más "de seis años". Los problemas se refieren particularmente a la expropiación de tierras para construir la autopista del Arco Norte, la ampliación de la carretera a Veracruz y los terrenos limítrofes entre San Pablo del Monte y Puebla.

Los entrevistados expresan que, para los niños, los jóvenes, los adultos y "las autoridades", los viejos constituyen un problema, por el simple hecho de "ser viejos". A los 60 años los despiden sin indemnización. Ya nadie los contrata, los corren de los lugares en los que venden, son molestados por inspectores y policías y las autoridades no los atienden. Están convencidos de que a los viejos los ven como algo que "estorba", "molesta la vista".

Un elemento adicional es que varios de los entrevistados se dedican a oficios que poco a poco van desapareciendo; por ejemplo, globero, armero (reparación de armas), titiritero, paletero, alfarero, salterista (intérprete de salterio), entre otros.

Una mirada diferente al compromiso con la vida

Una de las particularidades del envejecimiento exitoso se refiere a que las personas envejecidas –adultas mayores– pueden participar en modificaciones de estilo de vida para evitar enfermedades, discapacidades y pérdidas, y, en consecuencia, mejorar sus posibilidades de envejecimiento.

Uno de los componentes principales de la estructura jerárquica del envejecimiento exitoso, después de la ausencia de enfermedad/discapacidad y el alto funcionamiento físico y cognitivo, es el compromiso con la vida, la forma como la persona mantiene sus relaciones sociales y sus actividades productivas, ya sea en el ámbito del trabajo remunerado o en el voluntariado.

En condiciones de vida como la de los adultos mayores en Tlaxcala, el concepto de compromiso con la vida adquiere tal vez otros significados, como señala Enriqueta, de 67 años:

> Para mí esta etapa de la vida es muy bonita, porque estoy haciendo lo que nunca hice de niña, lo que no hice en la escuela. En la escuela, si mis padres tenían para el uniforme o para que saliera en un bailable, podía yo, y si no no, pues ni modo, me quedaba con las ganas. Ahorita ya no, porque le echo ganas y vendo mis servilletas o lo que sea, saco para hacer mi falda y salgo en el bailable.

La relación con los otros por medio de grupos de ayuda mutua o autoayuda, cambia la visión de las personas y les permite enfrentar pérdidas, así como sentirse útiles, no sólo para ellas mismas sino para los demás.

La actividad productiva está determinada por la necesidad, ya que, como se señala en el acápite anterior, la mayor parte de la población no cuenta con pensión por jubilación, lo que los fuerza a mantenerse productivos durante toda la vida.

> Ya siento pesado el trabajo, sobre todo a mi edad. Tengo 69 años, pero desgraciadamente no dispongo de ninguna jubilación o pensión; carezco de toda prestación, desde atención médica hasta apoyos. Por eso tengo que trabajar para lo que se necesite en la vida: alimentación, vestido, todo lo que se refiere a gastos familiares.

Pero esa misma situación es la que determina que desde pequeños hayan tenido que trabajar. En algunos casos cuentan con cierta estabilidad porque viven en la casa con los hijos y estos los cuidan. Sin embargo, no pueden permanecer inactivos.

> Nací en 1951, ya tengo 62 años. No es pesada mi labor, trabajo pocas horas; en la mañana tengo unos pollos y totoles a los que les doy de comer, después voy a dejar a las nietas a la escuela, regreso a calentar el almuerzo y me pongo a trabajar después de la una de la tarde, ya que fui a traer a las niñas de la escuela (Ocotlán).
>
> Compré unos borregos, los saco a cuidar para hacer terapia y entretenerme porque la gente del campo no está acostumbrada a estar sentadita mirando la televisión, debe trabajar (Hermelindo, 76 años).

En otros casos consideran que todavía están fuertes y ven que sus hijos también tienen muchas necesidades y no quieren ser una carga:

—¿Sus hijos no la apoyan en términos económicos? —se le pregunta.

—Sí, seguro que sí, pero ya les dije que ni una carga y mucho menos un estorbo para mis hijos o nietos quiero ser. Hasta que tenga fuerza y salud voy a seguir trabajando, ganándome un poco de dinero y si no me alcanza, pues ya que me ayuden; pero mientras puedo, lo seguiré haciendo —responde (María 70 años).

Pobrecitos —expresa—, que mantengan a sus hijitos, y les digo que todavía me puedo mantener, que me dejen. Estoy un poquito fuerte (Celestina, 80 años).

La religión juega un papel importante en el compromiso con la vida. Las personas mayores de 60 años se mantienen productivas no sólo porque no tienen posibilidad de sobrevivencia por otros medios, sino también porque eso les permite percibirse a sí mismas fuertes, capaces de hacer, de no depender y, sobre todo, de no ser una carga para nadie.

Por la enfermedad hay días que no quiero ni trabajar [hace siete años le diagnosticaron diabetes e hipertensión], pero como no hay quien vea por mí —porque mi hijo a veces no tiene ni para él—, tengo la necesidad de echarme las dolencias al hombro y salir a vender. No tengo miedo a no tener nada ni a trabajar, nunca lo he tenido. Además, siempre hay una mano piadosa que nos hace el milagro para vivir (Tomasa, 68 años).

En los casos en los que la familia asume la responsabilidad del cuidado, un número importante de los adultos mayores salen a trabajar porque toda su vida lo han hecho. De todos los entrevistados se registra el dato de que tuvieron que trabajar desde pequeños y eso determina que piensen: “No me acostumbro a estar en mi casa” (Mariano, 81 años).

A la fecha sigo trabajando, realizando trabajos pequeños, ayudándome, porque nunca he dejado de hacer algo y sobre

> eso he conservado mi vida, por el mismo ejercicio en el que ahora ya no puedo aventajar, pero no dejo de hacer algo para que no se me acaben las fuerzas… El caso es que hay que trabajar. Mientras Dios me preste vida y me dé un poquito de fuerza, no dejaré de hacerlo; cuando ya no pueda, ni modo (Delfino, 91 años).
>
> Y el deseo final:
>
> Sólo le pido a Dios que me ayude a bien morir, no quiero sufrir en nada. Si un día ya no despierto, sería bonito. Ahora mismo no me duele nada, pero me da miedo enfermarme porque como vivo solito, solo con dos perritos, pues no sé quién vería por mí (Alfredo, 87 años).

El compromiso con la vida, sobre todo en lo que se refiere a la vida productiva, tiene una concepción diferente entre la población mexicana de bajos recursos. La productividad se mantiene hasta el último día de la existencia en razón de que ha sido su forma de vivir y al final de la vida, la persona no puede ni quiere dejar de hacerlo, pues no tiene otra actividad y concibe que sería negativo "convertirse en una carga" para la familia.

Conclusiones

Desde la perspectiva de Rowe y Kahn (1997), el compromiso con la vida tiene dos componentes: las relaciones sociales y la vida productiva. Dado que en el mundo occidental se valora de manera importante el trabajo, una forma de visualizarlo dentro del proceso de envejecimiento es que este se convierte en trabajo voluntario y no remunerado.

Entre los adultos mayores de Tlaxcala, México, cambia la perspectiva, sobre todo si se toma en cuenta que no existe un sistema de seguridad social que garantice los derechos individuales que establece la Constitución política y las leyes específicas para este grupo de población.

La población que alcanza y supera los 60 años (alrededor de 10% según el censo de 2010), debe mantenerse activa porque no tiene posibilidades económicas, como se observa en los datos: de una muestra de 93 adultos mayores, únicamente seis reciben pensión (dos maestras jubiladas, dos ex trabajadores ferrocarrileros y dos obreros), lo que determina que la responsabilidad de su manutención recae en ellos mismos o en su familia.

Sin embargo, los habitantes que superaban los 60 años en 2018, en su mayoría trabajaron en el campo, ya que Tlaxcala era una sociedad agrícola que apenas hace alrededor de 40 años se industrializó y comenzó a prestar servicios públicos de educación, salud y vivienda. Esa circunstancia determina que esta población siempre trabajó para vivir.

Al convertirse en adultos mayores, a las personas no les quedan más opciones que seguir trabajando; están acostumbradas a ello y consideran que mientras tengan fuerza deben hacerlo para no convertirse en una carga familiar. Por otro lado, estas actividades les permiten mantenerse con cierta autonomía e independencia, además de que los obligan a ser funcionales.

El concepto de envejecimiento exitoso de Rowe y Kahn (*op. cit.*) no determina que esta población atraviese por un proceso de envejecimiento fracasado; por el contrario, son sus capacidades personales y las oportunidades sociales las que les permiten desarrollar su capacidad de agencia y así mantener un proyecto de la vida que consideran deben vivir.

El modelo de desarrollo y capacidades creado por Sen (2000) y Nussbaum (2007) permite observar, en las expresiones de los adultos mayores, que se conciben útiles, productivos y funcionales en razón de que no esperan que sus necesidades sean resueltas por el gobierno, la Iglesia o cualquier otro tipo de institución.

Si bien la religión tiene un peso importante –por tratarse de una sociedad en la que 95% de sus habitantes profesa alguna religión y 89.3% del total es católica–, esta es percibida como una intermediación para mantener la salud (y la vida) y no para esperar que el maná caiga del cielo.

El compromiso con la vida y, de manera particular, con la vida productiva, es una parte cotidiana del proceso de envejecimiento y de la vejez en una sociedad como la tlaxcalteca, cuyos pobladores carecen de sistemas de seguridad social, pero tampoco buscan que la familia se haga cargo de ellos.

En ese sentido mucho abona el que en México se haya transitado de una sociedad de dictadura blanda a una democracia y que el mercado juegue un papel importante. Sin embargo, la visión del Estado paternal nunca ha sido en realidad un manto protector de los pobres, tan es así que en 2010 la mitad de la población del país se encontraba en situación de pobreza.

Referencias

Aristóteles (2003), *Ética Eudemia*, Losada, Buenos Aires.

Cheng, S. (2014), "Defining successful aging: the need to distinguish pathways from outcomes", *International Psychogeriatrics*, 26(4):527-531.

Cosco, T., M. Prina, B. Stephan y C. Brayne (2013), "Operational definitions of succesful aging: A systematic review", *International Psychogeriatrics*, 26(3):1-9.

Cosco, D. (2015), "Successfully aging predicts successful aging in successful Agers: Further definitional issues", *International Psychogeriatrics*, 27(1):170-171.

Cumming, E. y W. Henry (1961), *Growing old: The process of disengagement*, Basic Books, Nueva York.

De Säo José, J., V. Timonen, C. Filipe y S. Pereira (2017), "A critique of the active ageing index", *Journal of Aging Studies*, 40:49-56.

Havighurst, R. (1961), "Successful ageing", *The Gerontologist*, 1(1): 8-13.

Hillgaard, M. y T. Söderqvist (2014), "Successful ageing: A historical overview and critical analysis of a successful concept", *Journal of Aging Studies*, 31:139-149.

Kusumastuti, S., M. Derk, S. Tellier, E. DiNucci, R. Lund, E. Lykke y R. Westendorp, (2016), "Successful ageing: A study of the literature using citation network analysis", *Maturitas,* 93:4-12.

Leyva, E. (2015), *Poder, agencia y empoderamiento,* Ponencia presentada en el I Congreso Latinoamericano de Teoría Social "¿Por qué la Teoría Social? Las posibilidades críticas de los abordajes clásicos, contemporáneos y emergentes", 19 al 21 de agosto de 2015. Disponible en: http://diferencias.com.ar/congreso/ICLTS2015/ponencias/ Mesa%203/ICLT2015_Mesa03_Leiva.pdf

Liang, J. y Luo, B. (2012), "Toward a discourse shift in social gerontology: from succesful agin to harmonious aging", *Journal of Aging Studies,* 26: 327-334.

Martinson, M. y C. Berridge (2015), "Successful ageing and its discontents: A systematic review of the social gerontology literatura", *Gerontologist,* 55(1):58-69.

Merchan, R. y Cifuentes, F. (2011), "Teorías Psicosociales del Envejecimiento", en: Carmen Nuin Orrio, *Enfermería de la persona mayor,* Editorial Universitaria, Madrid.

Nussbaum, M. (2007), *Las fronteras de la justicia. Consideraciones sobre la exclusión*, Paidós, España.

OMS (2015), *Informe mundial sobre el envejecimiento y la salud,* Organización Mundial de la Salud, Estados Unidos.

Otano, G. (2015), "La libertad como relación social: Una interpretación sociológica del enfoque de las capacidades de Amartya Sen", *Revista Iberoamericana de Estudios de Desarrollo*, 4(1):98-127.

Romero, O., R. Jiménez y R. Romano (2009), *La región y el poder indígena,* UATx-Coltlax, Tlaxcala, México.

Rowe, J. y R. Kahn (1987), "Human Ageing: Usual and Successful", *Science,* 10, 237(4811):143-149.

_______ (1997), "Successful Ageing", *The Gerontologist,* 37(4):433-440.

Seligman, M. (2006), *La auténtica felicidad,* Byblos, Barcelona.

Sen, A. (2000), *Desarrollo y Libertad,* Planeta, Argentina.

Turbino, F. (2015), *Libertad de agencia: entre Sen y H. Arendt,* en Red internacional de estudios interculturales. Disponible en: http://red.pucp.edu.pe/ridei/libros/ libertad-de-agencia-entre-sen-y-h-arendt/

Xelhuantzi, T. (2008), *Religión y política tradicional en Tlaxcala, Cinteotl 3.* Disponible en: https://www.uaeh.edu.mx/campus/icshu/revista/revista.../OK-Religi_n-pol_tica.doc

Capítulo 6

Floreciendo por medio del cuerpo y sus fortalezas

María Luisa Plasencia Vilchis

Introducción

En la historia de la psicología se han hecho importantes esfuerzos por estudiar aspectos del comportamiento humano vinculados a la salud psicológica o la calidad de vida (Gancedo, 2008; Gable y Haidt, 2005). Es en estos últimos 20 años, y con el impulso que ha tenido la psicología positiva, que el estudio de "la buena vida", como la llama Seligman (2006), ha cobrado relevancia, no sólo en el ámbito de la psicología sino en la vida cotidiana de las personas.

Fue en 1999 cuando Martin Seligman, en su carácter de presidente de la American Psychology Association (APA) logró dar el impulso necesario para generar un movimiento basado en la investigación científica. En el *Manifesto Akumal* o *Positive Psychology Manifesto* (1999, 2000)[1] se establece el objetivo de descubrir y promover los factores que permiten al individuo y a las comunidades prosperar, con el compromiso concomitante por parte de los investigadores de centrar su atención en las fuentes de la salud psicológica.

Con este objetivo, la psicología positiva ha podido proveer de un discurso desde el cual estudiar la felicidad, el bienestar y el florecimiento; las personas son capaces de aprender las señales, las causas y prácticas que promueven el bienestar. Los términos y el lenguaje del florecimiento humano están siendo parte de aquello que todos deben saber, es componente de la realidad cotidiana; se ha abierto la puerta

[1] Documento elaborado durante las Reuniones de Akumal 1 y 2.

para el proceso de traducción de la felicidad (Plasencia, 2015). Las personas ahora son capaces de hacerse cargo y monitorear tanto su enfermedad psicológica como su grado de bienestar (Plasencia, 2015). Se pasa ahora a la etapa de la construcción de la salud psicológica, a semejanza del proceso que llevó a la construcción cultural de la enfermedad mental (Gergen, 2007).

En el área de la psicología clínica y en el de la psicoterapia en particular, se observa cómo la salud y la enfermedad se entrelazan en las consultas psicológicas mediante las quejas y los anhelos de las personas que solicitan apoyo.

En las conversaciones aparecen las preguntas existenciales, cuestionamientos sobre el comportamiento propio y ajeno, en conjunto con la valoración: buenas, malas; adecuadas, inadecuadas; correctas, incorrectas; agradables, desagradables.

Lo mismo ocurre con el impacto que estas tienen en las diferentes áreas de desarrollo de la persona y en sus relaciones. El cuerpo a veces se hace presente, por momentos se desdibuja, en otros se presenta como dicotomía mente-cuerpo y en otros más, como el opuesto de la mente. O como dos espacios desconectados, ajenos. En muchas ocasiones se presenta el cuerpo femenino dolido, enfermo. El mismo que ha sorprendido con las respuestas que ofrece, que molesta con sus manifestaciones, que son interpretadas como desórdenes de la mente. Algo está mal en tu cabeza, suelen decir que les dicen; o tú te lo generaste con lo que piensas, ¡ya no pienses así! ¿Y el cuerpo masculino? ¿Y los otros cuerpos?

La corporeidad del malestar o bienestar está presente en las narraciones de los consultantes y si se genera el espacio, el cuerpo *aparece* junto con sus cotidianidades y las dificultades relacionales. No solamente es difícil relacionarse con ese cuerpo desde el malestar, también desde el bienestar, que a veces se confunde y lleva a extremos nada saludables. El cuerpo ahora también ha generado discursos a veces contradictorios que confunden y provocan mayor desconcierto; difíciles de deconstruir para facilitar el paso a estados de bienestar con este cuerpo que nos lleva y trae por la vida.

El cuerpo en la psicología

La ausencia del cuerpo en la psicología ha sido una crítica no únicamente para la psicología positiva, sino para algunos autores como Resnick, Warmoth y Serlin (2001), y Hefferon y Boniwell (2011), una ausencia en toda la psicología en general. Sin embargo, en el ámbito de la psicoterapia la historia ha sido diferente. Se han creado diversas escuelas que desarrollaron métodos y formas de trabajar con el cuerpo y la mente siguiendo estrategias particulares, cada uno con entrenamientos específicos que el psicoterapeuta debe cubrir. A decir de Ortiz (2010, p. 24), *el número de escuelas, conceptos y técnicas puede ser desconcertante*. Tan sólo en Europa existen más de 30 variedades de psicoterapias corporales. En México, estas inician en la década de 1970 (Ortiz, 2010).

Por su parte, los psicólogos sociales se han interesado en el *embodiment*, considerando que los pensamientos, sentimientos y comportamientos se basan en la interacción corporal con el entorno y estos, a su vez, en experiencias sensoriales y estados corporales (Meier, Schnall, Schwartz y Bargh, 2012). En términos más generales podría considerarse el *embodiment* como la forma en la que las personas experimentan su cuerpo, cómo lo usan y cómo responden conscientemente a las sensaciones corporales; esto incluye cómo el cuerpo moldea las experiencias (Hefferon, 2013).

El cuerpo en la psicología positiva

Por su parte, la psicología positiva ha reconocido que se había enfocado en los aspectos cognitivos y dejado de lado la parte corporal del florecimiento. En un esfuerzo de integración, busca retomar el entendimiento corporal, lo tangible del bienestar y del florecimiento, con lo que desarrolla un área conocida como *Embodied Positive Psychology*, la cual es definida por Megan McDonough (2016) como la experiencia de:

- Cultivar el *Mindfulness* mediante el cuerpo, enfocándose en la respiración y manteniendo la atención en el momento presente

- Involucrar al cuerpo como parte del proceso de aprendizaje-movimiento físico para entender un concepto intelectual
- Aprovechar la capacidad del cuerpo para cambiar la mente

Este esfuerzo ha llevado a la realización de dos eventos *Embodied Positive Psychology Summit* en 2016 y 2017, con Megan McDonough como directora. Es importante resaltar que dichos eventos son independientes de los congresos internacionales que se realizan cada dos años por parte de la *International Positive Psychology Association* (IPPA) desde 2009.

Los trabajos de investigadores como Antonio Damasio (2010) y Barbara Fredrickson (2013) han contribuido a reflexionar sobre el dualismo mente-cuerpo e investigar temas como los efectos de la meditación en el cerebro y en el cuerpo (Goleman y Davidson, 2017) y dieron paso a una nueva etapa: la de la integración. Desde la psicología positiva el esfuerzo no se ha dirigido únicamente a incorporar los avances de las neurociencias, sino a ampliar los horizontes al incorporar temas como la danza, los abrazos, el fluir o el yoga.

Se han hecho propuestas para considerar al cuerpo en el estudio del florecimiento. Hefferon (2013) hace hincapié en la vinculación de la psicología positiva y la psicología humanista, así como en las aplicaciones en la psicoterapia. Considera Hefferon que el cuerpo interviene en la consecución de la felicidad tanto *hedónica* como *eudaimónica* y en sus estudios encontró una relación positiva entre el bienestar subjetivo y la conciencia corporal (Brani, Hefferon, Lomas, Ivtzan y Painter, 2014).

El cuerpo está también presente en la actividad física y el funcionamiento óptimo. Los estudios de Ratey (2008) lo llevan a concluir que comprometerse con una actividad física es, sin duda, una de las mejores cosas que se pueden hacer para promover el funcionamiento óptimo. Por su parte, Csikszentmihalyi (2008), que ha estudiado las experiencias óptimas denominadas fluir, en particular en atletas de alto rendimiento deportivo, deja en claro *el hecho de que sin el cuerpo no viviríamos ninguna experiencia ni, por lo tanto, ningún registro de la vida tal y como la conocemos* (p. 149).

¿Qué tan atento se está al bienestar o malestar del cuerpo? En la práctica las personas suelen identificar de mejor manera el malestar del cuerpo en términos de enfermedad. Si se les cuestiona sobre cómo se ve o cómo se siente el bienestar, será mucho más difícil que puedan describirlo. Piense sólo por un instante en cómo es la cara de enojo, y la cara de contento y la de alegre y la de triste. ¿Sería capaz de diferenciar entre cada una de ellas? ¿Podría ahora describir el estado de su cuerpo en general en esas emociones? En su investigación sobre las emociones positivas, Fredrickson (2013) encontró cómo el cuerpo cambia cuando se experimenta la emoción del amor; literalmente –dice ella–, el pecho se expande. ¿Se había dado cuenta de esto? ¿Está consciente de su cuerpo? ¿Cómo se relaciona con su cuerpo? O –cuestiona Hefferon (2012)– ¿cómo mueve su cuerpo, cómo lo viste, cómo lo decora, cómo lo alimenta? En resumen ¿cómo es vivir integrando mente-cuerpo? Cada aspecto se relaciona con el florecimiento.

Pareciera que a veces se deja de escuchar al cuerpo, que es sencillo bloquear la conexión durante el proceso de crecimiento en aras de la adaptación social. Por momentos da la impresión de vivir un periodo contradictorio. Por un lado, se promueven prácticas como el Mindfulness desde edades tempranas para estar en el momento presente, con la atención en el aquí y en el ahora; su práctica tiene beneficios para el cuerpo, la mente y el cerebro (Goleman y Davidson, 2017). Por otro lado, se favorecen espacios que fomentan las multitareas como ejercitarse y trabajar al mismo tiempo. Una participante del diplomado en psicología positiva comentó la existencia de espacios donde se puede acceder a una alberca equipada con computadoras. Así que se puede nadar, dar una vuelta y acceder a la computadora, contestar unos correos, decía; nadar, dar otra vuelta, responder otro correo y así hasta que decides dejar la alberca.

Para algunos esto puede ser una excelente alternativa ante la falta de tiempo para apoyar la buena salud sin descuidar el trabajo. También se puede preguntar qué tan sencillo es mantener la atención en las actividades que se realizan, qué sucede con el disfrute, o bien investigar si es factible que se den las condiciones que facilitan la experiencia de flujo estudiada por Csikszentmihalyi[2] (2008). Cabe reflexionar sobre el cuerpo mirado como el templo al que hay que mantener bello y joven, pero del que se está desconectado. Un entrenador deportivo comentaba con tristeza que, desde su experiencia en su país latinoamericano, era más fácil conseguir financiamiento para una cirugía estética que para estudiar.[3]

El cuerpo también está ligado a los problemas de salud física. En México sobresalen la obesidad y la diabetes. Una de las medidas de prevención es la promoción de la actividad física y una mejor nutrición, pero ha tenido poco impacto. La salud física también repercute en el bienestar de las personas y, a su vez, el estado psicológico incide en aquella.

De alguna manera se genera un especie de retroalimentación en espiral que puede ascender así hacia el bienestar o bien descender hacia el malestar, siguiendo como símil la espiral de positividad de la que habla Fredrickson (2013).

Se ha desarrollado paulatinamente toda un área de investigación bajo el nombre de salud positiva, arrojando interesantes datos sobre el impacto del optimismo y otras variables en la salud física (Seligman, 2011). Esta es otra forma de integrar el cuerpo.

En su objetivo de promover el florecimiento, la psicología positiva propuso definirlo como la integración de diversos elementos, entre ellos los cinco que conforman la teoría del bienestar de Seligman (2011) conocida como PERMA por su siglas en inglés, que incluye: Positividad, Entrega, Sentido, Logros y Relaciones positivas, además de autoestima, resiliencia, vitalidad, autodeterminación y optimismo.

---

[2] Para una revisión extensa del tema, revísese *Fluir una psicología de la felicidad*, texto donde se describe la experiencia de flujo y las condiciones que la facilitan, como tener una meta y contar con las habilidades necesarias para enfrentar el desafío y la concentración entre otros.

[3] Byron Romero, doctor en Políticas Públicas, Colombia, Universidad Javeriana y apasionado deportista.

Actividad física y salud psicológica

Otra forma de abordar al cuerpo desde el florecimiento es mediante la actividad física y su relación con las fortalezas de carácter. Aunque en estricto sentido la diferencia entre actividad física, ejercicio físico y deporte es importante, para el tema que nos ocupa nos referiremos a ellos de manera indistinta. La actividad física hace referencia a cualquier movimiento corporal producido por los músculos que exija un gasto de energía. Por ejercicio físico se entiende una actividad planificada, estructurada y dirigida con el fin de modificar las aptitudes físicas y mantenerse saludable, por ejemplo correr o andar en bicicleta. El deporte es una actividad física especializada de carácter competitivo que requiere un entrenamiento físico ordenado y que está reglamentada (Guillen, Castro y Guillen, 2003).

En términos generales, se acepta que el ejercicio físico se relaciona con una mejor calidad de vida y con estilos saludables. En 2010 la Organización Mundial de la Salud publicó *Recomendaciones Mundiales sobre Actividad Física para la Salud*, documento que contiene las recomendaciones sobre la duración y el tipo de ejercicio recomendado de acuerdo con cada rango de edad, con el objetivo de promover la salud física y emocional. Para los niños y jóvenes hasta los 17 años se recomienda ejercicio con una intensidad de moderada a vigorosa y una duración acumulada de 60 minutos al día. Para los adultos, se recomienda acumular 150 minutos de actividad física con intensidad moderada en el curso de una semana y en periodos de no menos de 10 minutos cada uno, así como dedicar algún tiempo al fortalecimiento muscular. Para los adultos mayores, de más de 65 años, se recomienda que sean tan activos como sus posibilidades físicas se los permitan. Desde hace unos años los especialistas (Mendiola, 2017) también recomiendan ejercicios de flexibilidad y rutinas de fortalecimiento muscular mediante el uso de peso,[4] dado que han demostrado promover beneficios a nivel cognitivo por arriba del ejercicio aeróbico.

[4] Este debe ser supervisado por un especialista para obtener un mejor beneficio y evitar lesiones.

Sin embargo, la mayoría de las personas no siguen dichas recomendaciones (Hallal *et al.*, 2012), a pesar de los beneficios para la salud psicológica y física que estas prácticas conllevan. Ya desde la década de 1990 investigadores de la Universidad de Valencia (Salvador *et al.*, 1995) llegaron a la conclusión de que la práctica deportiva mejora la salud mental, e investigadores como Guillen, Castro y Guillen (2003) consideran que los resultados indicaban que el ejercicio físico era un elemento *condicionante de la calidad de vida y, por ende, de la salud y el bienestar.*

En el Cuadro 6.1 se muestran algunos de los beneficios de la práctica deportiva que han aparecido de forma constante en la literatura.

Cuadro 6.1. Beneficios psicológicos por la práctica deportiva

Cambios positivos en la autoestima
Aumento de la autoconfianza
Mayores sentimientos de control
Más imaginación
Mayor autosuficiencia
Mejora de la memoria
Más independencia
Más asertividad
Mayor estabilidad emocional
Mejor funcionamiento intelectual
Una imagen corporal más positiva
Mayor autocontrol

Adaptado de Guillen, Castro y Guillen, 2003.

En años recientes se observó un importante giro: cobró relevancia el tema de la actividad física y su relación con la salud mental, el cual se incluye en varios programas de formación en psicología positiva. Asimismo, se creó la revista *Mental Health and Physical Activity,* dedicada a difundir estudios sobre el tema. Faulkner, Hefferon y Mutrie (2015) consideran que los resultados de la investigación muestran una sólida relación entre la actividad física y el bienestar psicológico. Estos autores clasificaron los resultados en cuatro dimensiones que indican diversas funciones concatenadas, a saber:

1. Prevenir problemas de salud mental
2. Ser parte de un tratamiento o terapia para algún problema psicológico
3. Ser parte de un tratamiento o terapia para mejorar la calidad de vida de las personas con problemas crónicos de salud físicos o psicológicos
4. Ser parte de un tratamiento o terapia para mejorar el bienestar psicológico de la población en general

A esta última también suele llamársele la función de sentirse bien.

Al preguntar a las personas por qué hacen ejercicio, esta suele ser la respuesta más común (Faulkner, Hefferon y Mutrie, 2015); sin embargo, esta expresión puede estar más que justificada. Estudios muestran cómo realizar ejercicio provoca una cascada de eventos sociales positivos que se experimentan en ese mismo día y en el día posterior (Young, Machell, Kashdan y Westwater, 2017), lo que podría explicar por qué las personas eligen realizar ejercicio de manera regular.

Otro efecto beneficioso es que el ejercicio puede actuar como un amortiguador o estrategia de afrontamiento para el estrés, lo que también contribuye a motivar la práctica regular de la actividad física. Lo más relevante es que las personas informan que al sentir más fuerza en su cuerpo, mediante el ejercicio, sintieron más fuerza en su mente (Faulkner, Hefferon y Mutrie, 2015). Lo anterior da la pauta sobre cómo puede construirse fortaleza psicológica mediante la construcción de la fortaleza física. En esa línea, los estudios previos indicaban que la práctica deportiva promueve la adquisición de valores sociales y personales que suelen ser considerados por las personas como fortalezas. Los más comunes (Cuadro 6.2) coinciden con la clasificación de fortalezas de carácter desarrollada por Seligman y Peterson en 2004.

Cuadro 6.2. Valores desarrollados por la práctica deportiva

Valores sociales	Valores personales
Respeto a los demás	Habilidad física y mental
Preocupación por los demás	Creatividad
Cooperación	Diversión
Amistad	Reto personal
Trabajo en equipo	Autodisciplina
Competitividad	Humildad
Expresión de sentimientos	Logro

Adaptado de Gutiérrez, 1995, citado en Ramírez *et al.*, 2004.

Fortalezas de carácter

Las fortalezas de carácter forman una clasificación de 24, agrupadas en seis virtudes (Cuadro 6.3) que surgen después de un largo proceso (Peterson y Seligman, 2004). El proyecto fue liderado por Chris Peterson, quien fuera uno de los iniciadores de la psicología positiva. Esta clasificación cuenta con un instrumento de evaluación y se ha convertido en un marco teórico utilizado para explorar las cualidades positivas y las características óptimas a desarrollar por el ser humano (Niemiec, 2010, 2013). Proporciona un vocabulario psicológicamente informado sobre las cualidades que son valoradas por los demás y que las hacen merecedoras de elogio moral (Peterson y Park, 2009).

Las fortalezas son las manifestaciones de las virtudes, conllevan el ejercicio de la voluntad, de la elección y la responsabilidad personal de tal manera que es posible obtenerlas y desarrollarlas (Peterson, 2006) acorde con las ideas de Aristóteles (1985). Se es lo que se hace cada día; de tal forma, la excelencia no es un acto sino un hábito, y la práctica de las fortalezas será un camino hacia la virtud y el florecimiento. Este es el objetivo de la psicología positiva.

Cuadro 6.3 Virtudes y fortalezas de carácter

Virtudes	Fortalezas
1. Coraje: virtud que agrupa los rasgos que se vinculan con el ejercicio de la voluntad para el logro de metas u objetivos. Se les conoce como fortalezas emocionales.	**1. Valor**: hace referencia a distintas áreas, implica los retos y dificultades. Se trata de actuar con convicción y de forma correcta adoptando posturas que pudieran provocar efectos adversos. Enfrentarse al peligro a pesar del temor que pudiera provocar. **2. Perseverancia**: es tener la fuerza para terminar lo que se inicia. Mantenerse en la procuración del objetivo a pesar de los obstáculos que se presentan. Ser flexibles, no aferrarse a objetivos inalcanzables. Disfrutar el completar tareas. **3. Honestidad/Integridad**: es tomar la responsabilidad por los sentimientos y acciones propios. Es presentarse ante el otro de manera genuina, hablar con la verdad a pesar de las consecuencias. **4. Vitalidad**: es vivir con energía, vivir como si la vida fuera una aventura que hay que aprovechar. Experimentar la vida con vigor, entusiasmo y pasión por lo que se hace. Es sentirse vivo y activo.
2. Sabiduría: hace referencia a las características que tienen que ver con la adquisición y uso de la información. Se les llama fortalezas cognitivas.	**5. Creatividad**: es pensar, encontrar formas nobles y productivas de conceptualizar y hacer las cosas; incluye lo artístico pero no se limita a ello. **6. Curiosidad**: implica apertura a distintas experiencias y flexibilidad ante lo distinto. Es encontrar fascinante cualquier experiencia, objeto o materia para ser investigado y explorado. **7. Amor por el conocimiento**: es el gusto por constantemente aprender cosas nuevas, va más allá de la curiosidad. **8. Mentalidad abierta**: es pensar sobre las cosas desde distintos puntos, analizar con detenimiento. **9. Perspectiva**: es la habilidad de dar consejos sabios a los demás. Encontrar formas de mirar el mundo que sean congruentes con uno mismo y para otras personas.

3. Amor y humanidad: incluye los rasgos que se manifiestan en las relaciones con los otros, la disposición a cuidar, ser amigo. Están enfocadas en las relaciones persona a persona.	**10. Amar y dejarse amar:** es valorar las relaciones íntimas con los demás, estar cercano a las personas que nos interesan y disfrutar con ellas momentos agradables. **11. Generosidad/Compasión**: es conceder valor a la otra persona. Ofrecer ayuda sin que se nos solicite, hacerse cargo del otro, cuidar de la otra persona cuando lo necesite. **12. Inteligencia social**: es el conocimiento de uno mismo y de los demás. Implica estar en contacto con los sentimientos propios y ajenos. Saber estar, encajar en distintas situaciones sociales.
4. Justicia: agrupa las manifestaciones positivas en la interacción entre el individuo y su comunidad. Se les conoce como fortalezas cívicas.	**13. Trabajo en equipo**: es saber trabajar cumpliendo con su parte para lograr con éxito los objetivos del equipo. Implica también lealtad al grupo de pertenencia. **14. Equidad**: es dar a todos las mismas oportunidades y el mismo trato respetable. No permitir que sus sentimientos o prejuicios dominen sus decisiones. **15. Liderazgo**: mantener buenas relaciones con los miembros del grupo, saber organizar actividades y asegurarse de que se lleven a cabo los objetivos propuestos por el grupo.
5. Templanza: esta virtud incluye los rasgos que evitan que el ser humano caiga en excesos y facilitan que sea mesurado en sus acciones.	**16. Perdón**: es perdonar a quienes causan algún daño. Es priorizar las buenas relaciones con el prójimo. Es dar una segunda oportunidad a quien ha cometido una falta. **17. Modestia**: es dejar que los actos hablen por uno mismo, sin ser uno mismo quien los exalte. Ser una persona sencilla en el actuar y el hablar. **18. Prudencia**: es ser cuidadoso, no hacer ni decir nada de lo que después pueda arrepentirse. Ser cauteloso en las elecciones que uno hace. **19. Autorregulación**: significa ser una persona que sabe controlar sus emociones, deseos e impulsos, en las situaciones que así lo requieran.

6. Trascendencia: agrupa los rasgos que se refieren a la relación que establece el individuo con algo mayor que él, ya sea el universo, Dios o la naturaleza y que brinda sentido de vida. Se trata de fortalezas que proveen significado y conexión.	**20. Apreciación de la belleza**: significa apreciar la belleza y la excelencia en todos los ámbitos. Es notar la belleza en la cotidianidad, hablar de ella de forma clara y contundente para distinguirla de la fealdad. **21. Gratitud**: capacidad de reconocer las cosas buenas que suceden y darse el tiempo para agradecer por ellas. Agradecer con palabras alguna acción efectuada por los demás que pueden distinguirse de la cotidianidad. **22. Esperanza/Optimismo**: implica esperar lo mejor del futuro y trabajar para lograrlo. Es pensar de forma optimista y confiar en lo mejor de uno mismo y de los demás. **23. Humor**: es tener la capacidad para ver el lado positivo y gracioso de las cosas. Es poder de hacer reír a los demás, disfrutar al reír y saber hacer bromas sin sarcasmo. **24. Espiritualidad**: es tener convicciones congruentes sobre el significado del Universo y su lugar en él, así como un sentido en la vida. Tener un vínculo con algo más elevado que uno mismo. Considerar la totalidad del Universo.

Adaptado de "El estudio científico de las fortalezas humanas", por Peterson y Park (2009). En *La ciencia del bienestar: Fundamentos de una psicología positiva* (pp. 181-207), Alianza Editorial.

Las fortalezas se vinculan con las acciones cotidianas; no son sólo cuestión de pensamientos o buenos deseos como: "Algún día deberé comportarme de forma humilde" o "Sería útil actuar con más valentía, con gratitud o con optimismo". Es necesario que las fortalezas se lleven a la práctica; suponen el ejercicio de la voluntad, de la elección y la responsabilidad personal y es posible desarrollarlas. Conllevan también un aspecto social, es desde ahí que se atribuye su valor (Peterson, 2006).

¿Cómo ligar estas fortalezas con el cuerpo? Con la actividad física. ¿Se pueden desarrollar fortalezas de carácter mediante la práctica física? Creemos que sí. Para ello recurrimos a las arte marciales.

La práctica de las artes marciales

Dentro de las actividades deportivas se encuentran las artes marciales. La psicología ha volcado su mirada en ellas debido a que incluyen la parte filosófica, el Do; es decir, ponen en práctica las virtudes que sustentan el arte marcial, o porque *se trata de aprender a controlar el cuerpo y sus experiencias* (Csikszentmihalyi, 2008, p. 161).

Una de las mayores inquietudes que se encuentran al revisar la literatura sobre el tema es la pregunta de si la práctica de las artes marciales es un elemento que fomenta o incrementa la violencia. En torno a ella surgen distintos estudios. Uno de los más destacados es el realizado por Trulson (1986) con jóvenes identificados como delincuentes mediante el *Minnesota Multiphasic Personality Inventory* (Inventario Multifásico de la Personalidad Minnesota) (MMPI). Los resultados mostraron que el grupo con entrenamiento en taekwondo tradicional –es decir, incluyendo la práctica marcial y no únicamente la parte física– tuvo un decremento en agresividad y tendencias delictivas, mostró menor ansiedad, registró un aumento en su autoestima, así como en sus habilidades sociales y valores.

Por su parte, Binder (2007) encuentra una reducción en la agresividad y hostilidad de los practicantes y un incremento en su autocontrol, autoestima y autoconfianza. Algunos autores como Egan (1993, citado en Binder, 2007) consideran que la práctica de las artes marciales mejora la salud mental.

Otro aspecto relevante que se ha encontrado en los estudios realizado en diversas artes marciales tiene que ver con la relación con el Maestro. Quien enseña el arte marcial es considerado/a además un maestro de la vida; tanto el practicante como los padres resaltan la importancia de esta relación (Meganck *et al.*, 2003).

Eso ha contribuido a que las artes marciales se utilicen como una intervención de salud mental (Wilkinson, 1996) o como apoyo en los procesos psicoterapéuticos (Weiser *et al.*, 1995; Abrahams, en red), de modo que, como dice Csikszentmihalyi (2008, p. 149), *cuando estamos tristes, deprimidos o aburridos tenemos un fácil remedio a mano: usar el cuerpo*. Y agrega Csikszentmihalyi, (2008) que para poder acceder a las potencialidades del disfrute que el cuerpo ofrece, es necesario educar a los sentidos. De lo contrario, sería información caótica y, como ya se mencionó, la práctica marcial es un camino que promueve el orden en los sentidos, es una vía para explorar cómo el cuerpo da forma a lo que se piensa y siente (McDonough, 2016), así como las acciones que pueden contemplarse como fortalezas humanas, un camino *para construir fortaleza psicológica mediante la construcción de la fortaleza física*.

En atletas de alto rendimiento que practican un arte marcial se ha encontrado coincidencia en las fortalezas características o sello de atletas que obtuvieron los mejores logros a nivel internacional y tenían más de tres años como seleccionados (entre ellas valor, espiritualidad, creatividad y curiosidad). En comparación, en los atletas de nuevo ingreso las fortalezas características eran la gratitud y la equidad. Por último, un grupo de atletas con más de tres años sin conseguir logro alguno presentó las fortalezas de esperanza y perseverancia. Tenían en común muchos años de práctica marcial, previa a ser considerados atletas de alto rendimiento o a ser nombrados seleccionados nacionales.

Aunque no se evaluó la determinación (Plasencia *et al.*, en prensa), sería lógico pensar que cuentan con alta perseverancia y pasión, los dos elementos que identificó Angela Duckworth (2016) como fundamentales para alcanzar metas a largo plazo. Sin embargo, la perseverancia no es la fortaleza característica en los atletas que sobresalen por sus resultados en eventos internacionales. ¿Cómo trabajan las dificultades ante una competencia importante? Un entrenador responde que plantea a los competidores preguntas como estas: ¿Cuánto tiempo entrenaste? ¿Comiste bien? ¿Dormiste bien? ¿Entrenaste correctamente? ¿Por qué no le das valor a todo lo físico que hiciste? Cuando se detienen, hacen conciencia (de la fortaleza del cuerpo) y llega la confianza mental, la certidumbre porque cuando estás en lo físico, en el cuerpo, estás sumando y eso se traduce en autocontrol, en confianza (Mendiola, 2017), en fortalezas: en este caso particular las de valor, curiosidad, esperanza, espiritualidad y creatividad.

Las fortalezas como expresión de las capacidades psicológicas se pueden construir mediante el ejercicio físico. Fortalezas que son habilidades para la vida, útiles para enfrentar las dificultades y los problemas. Peterson, Park y Sun (2013) consideran que las instituciones positivas –como pueden ser la familia y una actividad física organizada– posibilitan el desarrollo de relaciones positivas, que permiten el surgimiento de rasgos positivos y, al mismo tiempo, experiencias subjetivas positivas (p. 12). La actividad física promueve estas experiencias subjetivas positivas que organizan la vida y la dinámica familiar, así como sucede con las conductas consideradas lesivas, por ejemplo las adicciones (Plasencia, Eguiluz y Osorio, 2013).

En atletas de alto rendimiento se ha reportado que fortalezas como autocontrol y optimismo se correlacionan con aspectos disfuncionales de la dinámica familiar. Esto brinda indicios de que las áreas de dificultad pueden promover el incremento de habilidades al encontrar un espacio de desarrollo y favorecer el crecimiento que informa sobre el funcionamiento optimo (Plasencia *et al.*, 2017). De igual forma, en el caso de las artes marciales, las familias reportan cambios favorables y crecimiento en áreas como la vitalidad, la amistad, el respeto y el desarrollo moral (Lantz, 2002).

A nivel comunidad, Islandia ha implantado un programa para los jóvenes basado en el deporte y las habilidades para la vida –como las fortalezas de carácter– que involucra a las instituciones familiares, escolares y gubernamentales. Los efectos en los jóvenes, en cuanto a las tendencias de consumo de alcohol, tabaco y suicidio, han disminuido a tal grado que Islandia ocupa el primer puesto de la clasificación europea en adolescentes con un estilo de vida saludable. Fue necesario abandonar la idea tradicional de la prevención basada en la información.

Informa el doctor Milkman en entrevista para el diario El País, en 2017, que se realizó primero un estudio intenso y profundo sobre el estrés en la vida de los adolescentes (Young, 2017). Luego se creó un programa que incluía los factores protectores reportados por los propios jóvenes.

Considera Milkman que organizaron un movimiento social basado en la embriaguez natural:

> Que la gente se coloque en la química de su cerebro, porque me parece que la gente quiere cambiar su estado de conciencia sin los efectos perjudiciales de las drogas. No les dijimos –a los jóvenes– que venían a terapia, sino que íbamos a enseñarles algo que quisieran aprender: música, danza, hip hop, artes marciales. La idea era que las diferentes clases pudiesen provocar una serie de alteraciones en su química cerebral y les proporcionasen lo que necesitaban para enfrentarse mejor a la vida. Algunos jóvenes se quedaron hasta cinco años en el programa.

Quizás intervenciones integradoras como esta puedan ayudar a que las personas cuenten con mayores herramientas emocionales ante las crisis de la vida.

Recuperando al cuerpo

El cuerpo también importa. Aprender las señales de bienestar del cuerpo, del tuyo también, es estar atento, escuchar, estar consciente de él; saber cómo se vive día a día la integración mente-cuerpo.

¿Cómo son las decisiones que tomas desde tu cuerpo para vivir el florecimiento? Es identificar qué sucede en él cuando se experimentan emociones positivas como el amor, la alegría, la serenidad, la gratitud o el orgullo; describir cómo se vive diferente el cuerpo en bienestar.

¿Cómo lo vistes cuando está pleno de alegría, de orgullo, usas los mismos colores, las mismas texturas? Simplemente, ¿cuán cómodo/a o a gusto te encuentras con tu cuerpo? Si no lo estás, ¿las acciones de hoy te acercan al cuerpo cómodo en el que deseas estar? ¿Cómo es el cuerpo que siente autoestima? ¿Cómo experimenta la resiliencia, el sentido o los logros?

Es decir, al retomar los elementos que se utilizan para evaluar el florecimiento, vemos que falta camino por andar, que es necesario incorporar el cuerpo en el estudio del florecimiento.

Y si al cuerpo se le considera además con la visión femenina o masculina y se le devuelve también la parte biológica, las hormonas, los procesos químicos, la fuerza y las formas todavía desconocidas de funcionar, que siguen sorprendiendo a médicos y pacientes; es decir, si regresamos a la curiosidad, a la observación, el cuidado y la atención que sea posible otorgarle para mejorar la calidad de vida.

Queda la invitación para seguir investigando, para construir conversaciones desde la psicología, no sólo positiva, en las que podamos construir, validar y reconocer al cuerpo en bienestar, mientras nos lleva y nos trae conectándonos con la vida.

Referencias

Abrahams, C., *InSpire Guidance-Based Martial Arts program: A self-esteem intervention for art-risk elementary and middle school students.*

Aristóteles (1985), *Ética nicomáquea, Ética eudemia,* Gredos, Madrid, España.

Binder, B. (2007), "Psychosocial benefits of martial arts: Myth or reality? A literature review". Obtenido en línea: http://ftp.pwp.att.net/w/a/waboku-jujitsu/articles/psychsoc.htm

Brani, O., K. Hefferon, T. Lomas, I. Ivtzan y J. Painter (2014). "The impact of Body Awereness on Subjective Wellbeing: The Role of Mindfulness", *International Body Psychotherapy Journal 13*(1), 95-106.

Csikszentmihalyi, M. (2008), *Fluir: una psicología de la felicidad,* Kairos, Buenos Aires, Argentina.

Damasio, A. (2010), *Y el cerebro creó al hombre*, Destino Booket, España.

Duckworth, A. (2016), Grit. *El poder de la pasión y la perseverancia*, Urano, España.

Faulkner, G., K. Hefferon y N. Mutrie (2015), "Putting Positive Psychology Into Motion Through Physical Activity". En S. Joseph (ed.), *Positive Psychology in Practice*, Wiley, Estados Unidos.

Fredrickson, B. (2013), *Love 2.0*, Hudson Street Press, Estados Unidos.

Gable, S. y J. Haidt (2005), "What (and why) is Positive Psychology?", *Review of General Psychology, Vol. 9, núm. 2,103-110.*

Gancedo, M. (2008), "Historia de la psicología positiva. Antecedentes, aportes y proyecciones". En M.M. Casullo (ed.), *Prácticas en psicologías positiva*, Lugar, Buenos Aires.

Gergen, K. (2007), *Construccionismo social, aportes para el debate y la práctica.* Traductoras y compiladoras: A. Estrada y S. Diazgranados, Ediciones Uniandes, Bogotá, Colombia.

Goleman, D. y R. Davidson (2017), *Rasgos Alterados*, Penguin Random House Grupo Editorial, Argentina.

Guillen, F., J.J. Castro y M.A. Guillen (2003), "Calidad de vida, salud y ejercicio físico: una aproximación al tema desde una perspectiva psicosocial", *Revista de psicología del deporte,* núm. 6.12, 91-105.

Hallal, P. C., L. B. Andersen, F. C. Bull, R. Guthold, W. Haskell, U. Ekelund y Lancet Physical Activity Series Working Group (2012), "Global physical activity levels: Surveillance progress, pitfalls, and prospects", *The Lancet, 380*, 247-257.

Hefferon, K. (2013), *Positive Psychology and the body: The somatopsychic side of flourishing*, McGrawHill, Reino Unido.

_______ (2012), "The body and the Positive Psychology: Challenging the Lack of Embodiment". Presentation at *Canadiean Positive Psychology Conference*, July 20-21, 2012.

_______ e I. Boniwell (2011), *Positive Psychology: Theory, Research and Applications,* McGraw-Hill, Reino Unido.

Lantz, J. (2002), "Family Development and the Martial Arts: A Phenomenological Study", *Contemporary Family Therapy 24(4), December*, Human Sciences Press, Inc.

McDonough, M. (2016), "Defining Embodied Positive Psychology, Blog Emotional, Intellectual, Megan McDonough, Physical". Publicado el 9 de febrero de 2016, https://wholebeinginstitute.com/defining-embodied-positive-psychology/

Meganck, J., I. De Bourdeaudhuij, B. Poucke, E. Hoof, E. Snauweart, G.

Scoliers, E. Maenhout, L. Gansbeke y J. Desmadrel (2003). "Martial arts: learning how not to fight", *Conference paper,* XI European Congress of Sport Psychology. Obtenido en red el 21 de octubre de 2009, http://www.spoc.be/tekst/FEPSAC%2003%20-%20paper%20RUG.pdf

Meier, B., S. Schnall, N. Schwarz, y J. Bargh (2012), "Embodiment in Social Psychology", *Topics in Cognitive Science, 4*(4), 705-7116, DOI: 10.1111/j.1756-8765.2012.01212.x

Mendiola, O. (2017), Periodización tradicional e inversa en el pateo y golpeo de taekweondo (en revisión).

Niemiec, R.M. (2010), "Ten principles of characther stregths", *Positive Psychology News Daily*. Disponible en http://positivepsychologynews.com/news/ryan-niemiec/2010052611161

_______ (2013), "VIA Character strengths: Research and practice (The first 10 years)". En H.H. Knoop y Delle Fave (eds.), *Well-being and cultures: Perspectives on positive psychology*, Springer, Nueva York, pp. 11-30.

OMS (2010), *Recomendaciones Mundiales sobre Actividad Física para la Salud.*

Ortiz, F. (2010), "A tale of four body psychotherapists: The training and practice of Mexican practitioners", *The USA Body Psychotherapy Journal, 9*(1), 24-31.

Peterson, C. (2006), *A primer in Positive Psychology,* Oxford University Press, Nueva York.

_______ y N. Park (2009), "El estudio científico de las fortalezas humanas". En C. Vázquez y G. Hervás (coords.), *La ciencia del bienestar*, Alianza, Madrid.

_______ y M. Seligman (2004), *Character strengths and virtues: A handbook and classification,* American Psychological Association, Nueva York.

Park, N., C. Peterson y J. Sun (2013), "La psicología positiva: investigación y aplicaciones", *Terapia Psicológica, 31*(1), 11-19. Doi:10.4067/S0718-48082013000100002

Plasencia, M.L. (2015), "Las fortalezas humanas: de lo individual a lo relacional", *Revista Mexicana de Investigación en Psicología, 7*(2), 100-103.

Plasencia, M. L., L.L. Eguiluz y M. Osorio (2017), "Relación entre la dinámica familiar y las fortalezas humanas", *Journal of Behavior, Health & Social Issues*, doi.org/10.1016/j.jbhsi.2016.11.001

_______, L.L. Eguiluz y M. Osorio (2013), "Funcionamiento en familias positivas: una aproximación", *Terapia y Familia, 26*(1), 38-51.

_______, L.L. Eguiluz, C. Santillán y H. Littlewood (en prensa). Adaptación al español de la versión corta de la Escala de Determinación, *Enseñanza e investigación en Psicología 23*(2).

Ramírez, W., S. Vinaccia y G.R. Suárez (2004), "El impacto de la actividad física y el deporte sobre la salud, la cognición, la socialización y el rendimiento académico: una revisión teórica", *Revista de Estudios Sociales* núm. 18, agosto 2004, 67-75.

Ratey, J. (2008), *SPARK. The Revolutionary new science of exercise and the brain,* Londres, Quercus.

Resnick, S., A. Warmoth e I. Serlin (2001), "The Humanistic Psychology and Positive Psychology Connection: Implications for Psychotherapy", *Journal of Humanistic Psychology 41*(1), 73-101. Doi 10.1177/0022167801411006

Salvador, A., F. Suay, S. Martinez-Sanchis, E. González-Bono, M. Rodríguez y A. Gilabert (1995), "Deporte y Salud: Efectos de la actividad deportiva sobre el bienestar psicológico y mecanismos hormonales subyacentes", *Revista de Psicología General y Aplicada, 48*(1), 125-137.

Seligman, M. (2006), *La auténtica felicidad,* Ediciones B, Barcelona, España.

_______ (2011), *La vida que florece*, Ediciones B, Barcelona, España.

Sheldon, K., B. Fredrikson, K. Rathunde, J. Haidt y M. Csikszentmihalyi (2000), *Akumal Manifesto* o *Positive Psychology Manifesto.*

Trulson, M.E. (1986), "Martial Arts training: A novel "cure" for juvenile delinquency", *Human Relations, Vol. 39, núm. 12,* 1131-1140.

Weiser, M., I. Kutz, S.J. Kutz y D. Weiser (1995), "Psychotherapeutic aspects of the martial arts", *Journal of Psychotherapy, Vol. 49, núm. 1, 118-127.*

Wilkinson, L. (1996), "The Martial Arts: A mental health intervention", *Journal of the American Psychiatric Nurses Association, Vol. 2, núm. 6, 202-206.*

Young, K.C., K.A. Machell, T.B. Kashdan y M.L. Westwater (2017), "The cascade of positive events: Does exercise on a given day increase the frequency of additional positive events? Personality and Individual Differences", doi: 10.1016/j.paid.2017.03.032

Young, E. (2017), "Islandia sabe cómo acabar con las drogas entre adolescentes, pero el resto del mundo no escucha", Diario *El País*, 7 de octubre de 2017. Consultado el 21 de febrero de 2018.

Capítulo 7

Mindfulness. Un intensificador del bienestar

Jorge Cantero López

Introducción

Sobre la psicología positiva, algo debe quedarnos totalmente claro: el bienestar y la capacidad para prosperar son mucho más importantes que la enfermedad mental, las deficiencias emocionales, o el alivio de los síntomas (Seligman, 2002). Y es que, si bien es cierto que la intención y la práctica de acallar el sufrimiento humano fue lo que puso a la psicología en el mapa de las ciencias de la salud, se trata de un paradigma que va quedándose estrecho y limitado conforme pasa el tiempo. Entender que existen la depresión o la ansiedad –por mencionar sólo dos condiciones– es un punto de inicio fundamental, sobre todo en la clínica, lo mismo que la labor de sanar las heridas del pasado o ya francamente curar la enfermedad. Pero lograr un aumento genuino en la calidad de vida de las personas, y más aún, la prevención de estos malestares, tiene un valor mayor.

No es suficiente definir la salud con base sólo en la ausencia de enfermedades. La psicología positiva nos ha permitido expandir el sentido de salud hacia las fronteras del potencial humano, otorgando además al sentido de la existencia, y a la posibilidad de vivir una vida fructífera y plena, un lugar protagónico en nuestros intereses, como personas, psicoterapeutas e investigadores. Por fortuna, la felicidad se ha vuelto científicamente relevante.

Si bien Martin Seligman no fue el primero en poner énfasis en la necesidad de una psicología del bienestar –Abraham Maslow (1968) lo hizo antes, cuando fincó la autorrealización y la trascendencia como piedras angulares de su modelo–, sí fue pionero en destacar la diferencia entre los estilos de pensamiento optimista y pesimista, indicándonos decisivamente el norte: un incremento en la cantidad de pensamientos positivos genera una mejor actitud y un cambio de perspectiva que también incrementa la salud y la prosperidad emocional.

Luego vinieron otros:

- Barbara Fredrickson (2011) confirmó que, a grandes rasgos, tres emociones positivas por cada negativa incrementan la positividad general de los individuos.
- John Gottman (2015) descubrió que, en las relaciones de pareja, cinco interacciones positivas por cada negativa amplían la posibilidad de solucionar conflictos graves.
- Sonja Lyubomirsky (2010) ratificó que la felicidad puede ser incrementada y sostenida al realizar cambios en las actividades que realizamos, en oposición a los sucesos que enfrentamos.
- Roy Baumeister (2012) señala que la autorregulación, vital para lograr un buen ajuste y mejor autoestima, puede ejercitarse como un músculo mediante la práctica y el entrenamiento.

La investigación, fértil y continua, ha abierto la puerta: la felicidad no solamente es una realidad, sino que es accesible a casi cualquier persona, mediante prácticas e intervenciones específicas.

Ahora bien, la pregunta a la que nos enfrentamos es esta: ¿cómo lograr esos cambios? Es evidente que resulta más productivo guiar a las personas hacia un incremento de su aceptación incondicional, amor propio y desarrollo del carácter, pero el solo hecho de intentar cambiar su foco de atención hacia el bienestar puede entrañar una tarea titánica. Al fin y al cabo, somos una especie cuyo cerebro evolucionó en una época en la que la clave para la supervivencia era atender y dar mayor preponderancia a los eventos negativos o posibles peligros que se gestasen a su alrededor, y es por eso que siempre el dolor, la tristeza y el miedo tendrán mucho más poder para reclamar nuestra atención que la felicidad, la armonía o la satisfacción.

En pocas palabras, la evolución parecería sugerir que es mucho más productivo tener miedo o estar enojados, que sonreír y relajarnos, o que al menos eso es justo lo que nos mantiene a salvo de los miles de peligros que habremos de enfrentar más tarde o temprano (Raichie *et al.*, 2001; Sapolsky, 2006; Bowles, 2006). De ahí que muchos de nuestros esfuerzos voluntarios por mantener la tranquilidad en el día a día, sean infructuosos. Ciertamente, en la actualidad casi ninguno de nosotros tendrá que proteger a su familia o a sí mismo del ataque de un tigre dientes de sable, de una estampida, o de la invasión de una tribu vecina o del hambre o la sed, pero sí deberá hacerlo de las crisis económicas, la inseguridad citadina, los tiempos de entrega de informes, análisis de ventas u otros pendientes, el tránsito de vehículos, y desde luego, las constantes que desde hace 40,000 años y más, siguen siendo parte de nuestra vida: el deterioro de nuestro cuerpo y el de nuestros seres amados, la enfermedad, y la muerte; asimismo, un mundo que siempre está y seguirá estando en cambio, y en el que muy pocas cosas, o nada, son realmente estables.

Para nuestro cerebro, aunque la realidad sea otra –ya lo veremos al terminar este capítulo–, la situación parecería no haber cambiado: maximizar la seguridad y la comodidad es la norma que nos permite asegurar nuestra supervivencia, y esa siempre será más importante que la felicidad. Esta tendencia natural es la que produce el llamado *prejuicio hacia la negatividad*, o la inclinación inconsciente de dar mayor peso a la información, los eventos y las emociones negativas, por encima de las positivas (Baumeister, Bratslavsky, Finkenauer y Vohs, 2001; Rozin y Royzman, 2001; Oehman, Lundqvist y Esteves, 2001).

La cuestión es que somos seres humanos, y también es verdad que el prosperar y el bienestar nos son posibles y deseables. Algunos investigadores, incluso, piensan que la razón por la que somos capaces de desarrollar cultura y sociedad, ética y principios y, junto con todos ellos, una colaboración cada vez más sofisticada entre nosotros e incluso con otras especies, es que también nos interesa ver más allá (Singer, 2011). El mismo cerebro que siente miedo, enojo y asco para protegernos de los peligros del medio ambiente, también genera sentimientos sofisticados como la alegría, el gozo, la empatía o la compasión, entre muchos otros, para desarrollar y maximizar el aprendizaje, la creatividad, la comunidad y la duración de nuestra especie a lo largo de los años (Fredrickson, 2011).

El reto de la modernidad, y por supuesto de la psicología positiva, es ayudar a los individuos a maximizar esas posibilidades y florecer; a entender que toda la seguridad, verídica y comprobable, que hemos logrado con la evolución de nuestra civilización debería darnos oportunidad de entender que estamos en mucho menos peligro que antes, y que es momento de concentrar más atención y esfuerzo en la positividad. Asimismo, a comprender que justo esa positividad, practicada en el día a día, es mucho más potente para mejorar nuestra vida, que continuar protegiéndonos del riesgo y el peligro, buscando un control del entorno que, para empezar, es imposible. La cuestión es, ¿cómo convencer a nuestro cerebro, tan dedicado a preservar nuestra existencia, tan enfocado en este *prejuicio hacia la negatividad*, a que deje de enfocarse en el exterior en su búsqueda de estabilidad, y en cambio emprenda el viaje interior, manteniendo orden y estructura en el único sitio que verdaderamente es relevante, es decir, en nuestra consciencia y en la capacidad para tomar mejores decisiones que eso nos da?

Entra la conciencia plena

Imaginemos una posibilidad: acostumbramos luchar obstinadamente contra la ansiedad y el temor, la ira y la obsesividad, echando mano del empeño a secas o la fuerza de voluntad para controlarlas, reprimirlas o hacerlas a un lado. Pero esta estrategia casi siempre sale mal (basta con que el lector intente, justo en este momento, no pensar en un elefante gris; una vez que se ha posado en el centro de la mente, cada esfuerzo mayor por eliminarlo hará que cobre más fuerza), lo que podría conducir al practicante a experimentar aún más ansiedad y nerviosismo.

Ahora bien, ¿que tal si, en vez de implementar esa estrategia fallida, fuésemos capaces de relajar nuestro cuerpo y nuestra mente hasta el punto en que dichas emociones dejasen de estorbarnos y en cambio, de manera natural, simplemente permitiésemos que fueran extinguiéndose, perdiendo poder y relevancia, al tiempo que respiramos con calma, enfocamos nuestra consciencia, y restablecemos una relación amistosa con nuestros estados emocionales?

Es muy posible que hacerlo nos daría la tan necesaria oportunidad de disminuir la atención que ponemos en el cúmulo de molestias, dolencias y pensamientos negativos que intentan imponerse sobre nosotros y, de una vez por todas, recolectar el enfoque suficiente para concentrarnos, sin demasiado esfuerzo, en las emociones positivas que requerimos para sentirnos mejor y prosperar. Esa es justo la oportunidad que ofrece la práctica del *mindfulness,* y probablemente por ello se trata de una de las armas más importantes en el arsenal de la psicología positiva.

Mindfulness, –anglicismo cuya traducción más cercana al español sería "consciencia plena"–, puede definirse como la práctica de enfocar deliberadamente la atención en la experiencia de cada momento, sin dejarse llevar por juicios, expectativas o ideas preconcebidas (Kabat-Zinn, 2003). También, como la capacidad de centrar la mente despierta con cuidado y atención en las cosas tal como son, a fin de estar literalmente presente en lo que está ocurriendo, en este mismo instante [...]; ser conscientes del momento sin emitir juicios; actuar en un estado de conciencia que nos hace flexibles, receptivos y que nos permite estar presentes (Siegel, 2011).

Mindfulness es más que una moda y muchísimo más que simplemente incrementar la atención o poner la mente en blanco, cosa que para empezar es imposible. Se trata de un entrenamiento de la mente que nos conduce a tener mayor presencia en la vida, a través de prácticas concretas, primordialmente la meditación, lo que a la larga bien puede convertirse en un estilo de vida y hasta en una forma de ser. Lo que el *mindfulness* consigue, casi desde el principio, es un cambio de perspectiva que nos permite relacionarnos con las experiencias –todas las experiencias– positivas, negativas o neutrales, con compasión, apertura y receptividad (Shapiro, 2009).

Formalmente, la meditación *mindfulness* entró en el campo de la disciplina terapéutica en 1979, cuando Jon Kabat-Zinn tomó la milenaria práctica de la meditación budista, muy en particular la versión del budismo *zen* llamada *zazen*, la secularizó, sometiéndola al escrutinio de la investigación científica, y a partir de esa base introdujo su programa de "Reducción del estrés basado en *mindfulness*" en el Centro Médico de la Universidad de Massachusetts.

Desde entonces, dicha metodología ha sido usada, y cada vez con mayor frecuencia, para el tratamiento del dolor crónico, la ansiedad y la depresión, por más y más clínicas, hospitales y centros terapéuticos en todo el mundo, lo que ha permitido extender su empleo al tratamiento de otras condiciones como cáncer, fibromialgia, adicciones, VIH, y mucho más (Hervás, Cebolla, y Soler, 2016). Por otra parte, se han hecho cientos de estudios de laboratorio, en los que se ha podido confirmar no solo sólo su eficacia para estos fines, sino los numerosos cambios, para bien, que se gestan en el cuerpo después de apenas unas cuantas semanas de entrenamiento (ocho, para ser precisos) (Kabat-Zinn, 1982).

Todo esto, al unísono, ha transformado profundamente nuestra visión sobre la capacidad humana para reajustar, equilibrar y sobreponerse a las diferentes vulnerabilidades de la condición humana, poniendo de una vez por todas el timón en manos del practicante, al devolverle la certeza de que en verdad puede desarrollar, por sí mismo, la capacidad de regular sus emociones y mejorar su calidad de vida, sin tener que depender tanto del medio ambiente, los fármacos, el psicoterapeuta o, peor aun, la buena suerte o la ruleta genética que podría, o no, ser benéfica o afortunada. En suma, nos dio una herramienta efectiva para aumentar la positividad, un intensificador del bienestar.

Definiendo bienestar

Pero ¿qué significa realmente la palabra bienestar? Es un hecho que se trata de uno de los conceptos cardinales de la psicología positiva y, sin embargo, es difícil definirla a cabalidad (Dodge *et al.*, 2012). Sabemos que es posible observarla en funcionamiento, de manera vivencial, y, sobre todo, que quienes la experimentan pueden dar cuenta de ella al comunicar sus emociones y estados de ánimo.

Asimismo, ha sido posible aislar algunos de los componentes que aparecen de manera más o menos constante en ella (Ryff, 1989), como autonomía; relaciones positivas; propósito de vida; realización del propio potencial y autoaceptación; felicidad (Pollard y Lee, 2003) y satisfacción con la vida (Diener y Suh, 1997; Seligman, 2002), pero toda esta suma de factores y experiencias nos ayuda a describir el bienestar más que a definirlo.

No obstante, Robert Cummins (2009) nos ofrece una perspectiva adicional que podría acercarnos al desarrollo de una definición. En ella explica que el bienestar subjetivo (en adelante BS) puede explicarse por medio de la idea del equilibrio u homeostasis. De acuerdo con sus investigaciones (Cummins, 1995, 1998), el BS es estable y funciona como una especie de amortiguador protector que ayuda a los individuos a resistir y superar diferentes retos o dificultades en la vida, dependiendo de cuán intensos o graves sean estos. A partir de un punto base específico, variable para cada persona, la existencia de un BS nos permitiría afrontar dificultades externas de la vida, o incluso internas, defendiéndonos del malestar implícito en toda crisis, siempre y cuando dicho reto no sea tan severo como para superar la fortaleza, estructura y balance del BS.

En otras palabras, la colección de fortalezas que se encuentran en el BS constituye una especie de escudo protector. Suponiendo que hayamos logrado amasar suficiente cantidad de recursos positivos, estos vendrán en nuestra ayuda cuando el entorno y sus retos se vuelvan difíciles. En la medida en que estos recursos sean fuertes, seremos capaces de soportar mayores grados de malestar antes de caer en alguna variedad de trastorno emocional.

Esta es exactamente la definición de BS que nos ofrecen Rachel Dodge y colaboradores (2012): el punto de balance entre el fondo de recursos de un individuo, y los retos a los que se enfrenta [...]; en esencia, el bienestar subjetivo ocurre cuando el individuo tiene los recursos psicológicos, sociales y físicos que necesita para enfrentarse a retos psicológicos, sociales o físicos específicos. Cuando los individuos tienen más retos que recursos, el balance se inclina hacia el malestar, y viceversa.

Por supuesto, nuestro interés está colocado en ese lacónico "viceversa"; por ello, la idea es lograr un paraguas de recursos, constante y confiable, que asegure nuestra resistencia y más aún, prosperidad, frente a los desafíos, y no sólo una mera supervivencia.

Ahora bien, ¿qué es exactamente lo que conforma el contenido del BS? Como es de esperarse, tampoco en este rubro hay un consenso definitivo debido a la complejidad del asunto. De acuerdo con Parks y Biswas-Diener (2013), algunos mecanismos que lo incrementan son esperanza, sentido y significado, el saborear, gratitud, autoaceptación, autonomía, revaluación positiva, y conciencia corporal.

Martin Seligman (2011), por otro lado, asegura que el bienestar está formado por cinco elementos, a saber: emociones positivas, compromiso, significado, relaciones positivas y logros (términos con los que, en inglés, se forma el acrónimo PERMA: positive emotions, engagement, positive relations, meaning, accomplishment).

Recientemente, en un intento por resolver la confusión, Ylenio Longo (2017) se dio a la tarea de examinar las diferencias y similitudes entre seis de los modelos teóricos más usados –entre ellos el PERMA de Seligman–, logrando identificar 14 constructos distintos y recurrentes que son usados para describir el bienestar: felicidad, vitalidad, calma, optimismo, involucramiento, autoconciencia, autoaceptación, autoestima, competencia, desarrollo, propósito, significado, congruencia y conexión.

Es claro que sería útil para los investigadores, y aun más para todo aquel interesado en lograr un incremento del BS en sus pacientes, alumnos, comunidades, e incluso en sí mismos, que se llegara a un consenso generalmente aceptado sobre el contenido concreto del paraguas en cuestión. Sin embargo, mientras eso ocurre, a partir de toda esta lectura es posible detectar un patrón muy claro: los recursos o fortalezas que habrán de protegernos de las crisis y los conflictos que amenazan con generar malestar emocional implican autoconocimiento, autorregulación, agencia, vínculos constructivos y positividad.

TRANSFORMANDO EL PENSAMIENTO MEDIANTE LA CONCIENCIA Y LA ELECCIÓN

Es necesario un cambio de perspectiva. Lograr bienestar está mucho más al alcance de nuestra mano de lo que intuitivamente podríamos suponer. "No reímos porque estamos felices", escribía William James, "somos felices porque reímos" (James, 1902). Y también Abraham Maslow nos recordaba que "la vida es un proceso continuo de escoger entre la seguridad (debido al miedo y la necesidad de defendernos) y el riesgo (por el bien del progreso y el crecimiento). Así pues, toma la decisión de crecer una docena de veces al día". Ambos autores, mucho antes de la investigación dura que forma la esencia de la psicología positiva, tenían claro que no es necesario un estado previo de felicidad o de bienestar para lograr una vida rica y alegre, y que más bien en nuestras elecciones está el corazón, la posibilidad de crear felicidad y prosperidad.

Como veíamos el inicio de este capítulo, la visión tradicional, incluso anticuada si lo pensamos bien, pondría el énfasis en el logro de estructura y control mediante el uso del esfuerzo, para conseguir una mejor vida; construir un entorno lo más cómodo y seguro posible, para con ello disminuir la posibilidad de riesgos y peligros que generen inestabilidad, así como todos los síntomas negativos que habrían de acompañarla. Es algo que se nos enseña desde que somos pequeños, y que continuamos haciendo durante el resto de nuestra existencia.

Una actitud mental consciente, no obstante, menos dependiente en aparatos de mando y por ende menos rígida, abordaría el problema desde otro lugar: tomaría en cuenta, para empezar, que un verdadero control del entorno y sus agentes no es viable, puesto que todo, siempre, está cambiando, producto además de una genuina variabilidad de nuestras experiencias al establecer contacto con el mundo (Ngnoumen y Langer, 2016). Como consecuencia, intentaría depositar la seguridad y especialmente la estabilidad, no en disminuir el riesgo o el peligro, sino en aprender a manejar la propia mente para adaptarse a los cambios mediante un genuino y constante proceso de toma de decisiones; a regular las propias emociones y pensamientos, con el fin de disminuir la reactividad ante los sucesos disruptivos del medio ambiente.

Una actitud mental positiva nos permitiría reconocer que existen dos posibles interpretaciones para un mismo evento, y que cada una de ellas tendrá consecuencias que no serán buenas o malas, sino simplemente positivas o negativas; o dicho de otro modo, que nos acercarán a objetivos y resultados deseables o no. A menudo el camino hacia el bienestar y la felicidad es tan directo como el hecho de elegir, de manera tan continua como nos sea posible, vivir y ganar por medio de evaluaciones positivas (*op. cit.*, 2016). Para ello, primero, tenemos que aprender a lidiar con el *prejuicio hacia la negatividad*, y preferentemente superarlo.

Christelle Ngnoumen y Ellen J. Langer (2016) nos traen a consideración algo fundamental:

> Solemos dar por hecho que nuestras evaluaciones del mundo existen de forma independiente de este. Asumimos que nuestros sentimientos y pensamientos son hechos fácticos que capturan con precisión verdades objetivas en el mundo.

Sin embargo, un vistazo más cercano a las cosas que pensamos que proveen felicidad, comparado con aquellas que realmente sí lo hacen, revela que la felicidad reside en nuestros pensamientos sobre las cosas y las situaciones, en oposición a los objetos y las situaciones por si mismos. No hay algo así como una "realidad objetiva" en la que situaciones u objetos específicos garantizan una experiencia positiva. La experiencia, que incluye nuestras emociones, es un producto de la evaluación. La evaluación es una elección".

Si nuestras evaluaciones del mundo y sus vicisitudes ocurren dentro de nosotros, entonces hacia allá es a donde debemos dirigir nuestro esfuerzo: a lograr, verdaderamente, que nuestras evaluaciones sean una elección.

Para Bishop *et al.* (2004), *mindfulness* es un modo de conciencia,[1] que resulta de prestar atención a las experiencias actuales, internas y externas, abordándolas con aceptación, apertura y curiosidad, esto es, dispuestos a tomarlas como son, de una forma incondicional, dándonos la oportunidad de recibirlas y abrazarlas voluntariamente, y sobre todo, con un honesto deseo de saber a dónde podrían llevarnos, qué significan, y qué relevancia podrían tener en nuestra vida; de qué forma podrían sorprendernos.

Estas tres actitudes, de hecho, son el punto de partida y el cambio de paradigma fundamental, porque en lugar de abordar al mundo y sus situaciones con recelo, desde la necesidad de protección, ahora tendríamos la posibilidad de simplemente contemplarlas, aceptarlas e incluso evaluar cómo relacionarnos con ellas para obtener el mayor beneficio posible.

Ahora bien, es un hecho que lograr este tipo de relación con las experiencias y su reencuadre no es sencillo, ni ocurre por el simple deseo de hacerlo. Debemos insistir en ello: la tendencia natural, probablemente evolutiva, de nuestro pensamiento, es filtrar la información de modo que tendamos a creer que tenemos más cosas de qué preocuparnos que al revés.

En justicia, tal como lo sugiere Robert Wright (2018), la meditación –o más precisamente, la claridad mental que obtenemos a través de su práctica– podría considerarse una rebelión contra la selección natural. Y es que realmente, a esta no le interesa que veamos el mundo con claridad, y puede ser que tampoco le interese vernos felices. Desde una perspectiva meramente evolutiva, a la naturaleza le conviene que

---

1 En el original en inglés, el término es "mode of awareness". Desgraciadamente, awareness es una palabra de difícil traducción literal. Para el texto hemos empleado 'conciencia', sin embargo también es válido el término "darse cuenta de".

pasemos nuestros genes, y para eso debemos sobrevivir. Eso da una justificación más que poderosa al mantenimiento del *prejuicio hacia la negatividad*: si nuestro cerebro necesita distorsionar la realidad, echando mano de nuestras emociones y pensamientos, exagerando el peligro y evitando el riesgo, lo hará. "Sobrevive primero, prospera después", parecería ser su mantra.

Pero en la meditación, y más aun en el *mindfulness*, practicado a partir de las bases que hemos delineado aquí, el asunto es distinto. Durante la meditación *mindful* disminuye el juicio, y eso lleva a una actitud natural de escepticismo (Wright, 2018), de autodebate. "¿Será que verdaderamente puedo confiar en estos pensamientos, y en estas emociones?", parecería invitarnos a concluir. "¿Será que en verdad necesito tener tanto miedo? ¿Habrá otra forma de pensar sobre esta situación?".

La hay: sentir con más precisión las emociones, observar con más claridad los pensamientos, pero al mismo tiempo sufrirlos menos; disminuir la identificación con nuestras creencias, con las emociones que las producen, y lograr una mentalidad más empírica y objetiva. "*Mindfulness* funciona en una atmósfera de desapego, y aspira a objetividad pura, una conciencia que refleja la naturaleza de los objetos tal cual son, sin adicionarles, sin elaborarlos, sin interpretarlos a través del lente de la evaluación subjetiva y el comentario" (Bhikkhu Bodhi, 2000).

La experimentación avala lo dicho. En principio, el modelo de Shapiro y colaboradores (2006) propone que el *mindfulness* está compuesto básicamente por atención, intención y actitud, lo cual lleva a la repercepción y cambio en los siguientes mecanismos:

1. Autorregulación
2. Flexibilidad emocional, cognitiva y conductual
3. Clarificación de valores
4. Exposición

Por otro lado, la revisión teórica de Hölzel *et al.* (2011) integra descubrimientos neurocientíficos con autorreportes y datos experimentales para proponer cuatro mecanismos a través de los cuales se explica el funcionamiento del *mindfulness*:

1. Regulación de la atención
2. Conciencia corporal
3. Regulación emocional
4. Cambio en la perspectiva de un 'self' o 'yo' estático

Por otra parte, lograron mostrar algunas similitudes entre la regulación de la emoción y el cambio de la perspectiva del ser o el yo con la autocompasión, un constructo conceptualizado antes por Neff (2003), íntimamente relacionado con el *mindfulness*, y mediante el cual se logra la capacidad de dirigir amabilidad hacia uno mismo frente al sufrimiento, el percibir la propia experiencia como parte de la humanidad en una escala mucho más grande, y la posibilidad de mantener los propios pensamientos y sentimientos en una conciencia balanceada, evitando la sobreidentificación con ellos, y asumiéndolos como reales cuando ciertamente no lo son.

Tomados en conjunto, a partir de los fundamentos teóricos del *mindfulness* y la reducción del estrés basada en *Mindfulness* (o MBSR según sus siglas en inglés), los efectos benéficos comprenden mejoras en una serie de variables que incluyen atención, pensamiento negativo repetitivo, repercepción, reactividad, no apego, no aversión, autoconciencia, autorregulación, autotrascendencia, flexibilidad psicológica, clarificación de valores internos, exposición, control y regulación atencional, conciencia corporal, mente-cuerpo y funcionamiento integrado, regulación de emociones, autocompasión, compasión, perspicacia, aceptación, relajación y prácticas éticas (Gu *et al.*, 2015).

Pero la pregunta que ha impulsado este texto desde el principio permanece: ¿cómo es que el *mindfulness* nos ayuda a propulsar la positividad?

Para este punto, muchos de los mecanismos y las capacidades que se generan con la meditación están totalmente claros, ¿pero cómo es que todas ellas, en conjunto, consiguen el objetivo en cuestión?

Decentramiento, exposición, aceptación y flexibilidad

La respuesta a tal pregunta parece encontrarse entretejida en el lienzo que conforman cuatro de los procesos fundamentales que se generan como resultado de la práctica continua de la meditación mindful. Estos son decentramiento, exposición, aceptación y flexibilidad.

Decentramiento

El decentramiento ocurre como consecuencia de una de las condiciones básicas del *Mindfulness*, como lo definen la mayoría de los autores: la observación sin juicio de las experiencias internas y los sucesos externos (Baer 2009).

Conforme los practicantes consiguen sostener su atención, ampliando su capacidad de darse cuenta de las cosas, generando mayor conciencia del momento presente, el entorno, y el contenido de la mente, también consiguen ver sus experiencias internas como algo transitorio y no como realidades permanentes e inamovibles (Kabat-Zinn, 1982), lo que conduce a una suerte de separación del propio dolor, malestar o negatividad, contemplándola a la distancia, de forma apersonal, percatándose de que los pensamientos y emociones ocurren y pasan si se les da oportunidad, y que es el practicante quien les experimenta, en oposición a la noción tradicional y automática de ser, uno mismo, quien se convierte en esas emociones, pensamientos, o identidades.

La práctica continua de *mindfulness* permite a los individuos desengancharse de pensamientos automáticos, hábitos y patrones de conducta poco saludables, especialmente la rumiación (Brown y Ryan, 2003), y esto a su vez los pone en una posición más objetiva para observarse observarse a sí mismos, abriendo la posibilidad a otros mecanismos de operar con mucho mayor eficiencia.

Exposición

Es ahí cuando la exposición ocurre de manera más o menos natural. Entendido como el mecanismo mediante el cual el individuo se vuelve capaz de observar los estímulos internos, muy en particular los negativos, pero sin la intención o necesidad de evitarlos, por fin conseguimos la capacidad de confrontar experiencias internas de mayor intensidad, productoras de genuina incomodidad, mediante una marcada y novedosa objetividad y con una notablemente menor responsividad.

Con la exposición, se descubre que las emociones, los pensamientos y las sensaciones no son tan abrumadores o aterradores como se pensaba originalmente, lo que sin duda disminuye las respuestas de miedo, la reactividad emocional y las conductas de evitación o huida (Young, 2016).

Aceptación

Con la calma y objetividad que generan el decentramiento y la exposición, el practicante ahora puede acceder a la aceptación de cualquier experiencia interna que se desprenda del proceso de poner atención y de darse cuenta de las cosas, de modo que la urgencia por juzgar, criticar o cambiar los fenómenos en cuestión disminuye (Hayes *et al.*, 1999), tanto como lo hará la urgencia de controlar el entorno, dado que este también será recibido y aceptado de forma incondicional, sin la ansiedad que generan las conductas de evitación, optando mejor por la autorregulación, la autocompasión y el cuidado de uno mismo (Shapiro *et al.*, 2006).

Flexibilidad

Al final, cerrando el círculo, la mayor objetividad que se genera como consecuencia de todos estos mecanismos, lleva al desarrollo de una flexibilidad emocional, conductual y cognitiva. Mediante esta, el individuo puede volver la vista adentro, pensar con mucha mayor claridad, accediendo de nuevo a la autorregulación, lo que aumenta la capacidad de afrontamiento y el ajuste de las propias conductas a los valores y prioridades personales, así como la adaptación de sus respuestas a las situaciones específicas con las que se enfrenta, volviéndolas más eficientes y positivas (Hayes *et al.*, 2006).

En las páginas anteriores aducíamos que era posible cambiar el pensamiento a través de la conciencia y sobre todo, las elecciones. Todo lo dicho, hasta ahora, parece validarlo. Y es que al final, ¿qué es una elección sino la posibilidad de echar mano de nuestros recursos físicos e intelectuales, para elegir el curso de todo aquello que pasa por nuestra mente, y de las acciones que habremos de seguir, como consecuencia?

Una verdadera elección es aquella en la que nos damos cuenta de qué pensamos y cómo lo pensamos, de qué sentimos y cómo eso modifica nuestro cuerpo y nuestro estado de ánimo, y sólo hasta entonces, tras los reencuadres necesarios, basados en la mayor objetividad posible, damos un paso en la dirección que, voluntariamente, creamos mejor. Una elección no es producto del azar o del accidente. Sin duda, el contenido de nuestra mente tampoco debería serlo.

De acuerdo con el modelo de afrontamiento *mindful* (Garland *et al.*, 2009), para reinterpretar hacia la positividad la evaluación negativa o estresante de un evento dado, primero el individuo se debe desvincular y hacerse a un lado de la evaluación inicial negativa, adentrándose en cambio en un estado cognitivo transitorio que atenúa las evaluaciones asociadas con el evento.

Mediante esta desvinculación –o decentramiento–, los eventos que originalmente podrían haber sido percibidos como amenazantes o peligrosos, susceptibles de sobrepasar las propias capacidades de afrontamiento, y echando mano de los mecanismos del mindfulness que revisamos en los apartados anteriores, es posible iniciar una respuesta adaptativa que transforma esta evaluación de estrés por medio de un proceso de atención y flexibilidad cognitiva (véase la Gráfica 7.1).

Gráfica 7.1. El modelo de afrontamiento mindful (Garland *et al.*, 2009)

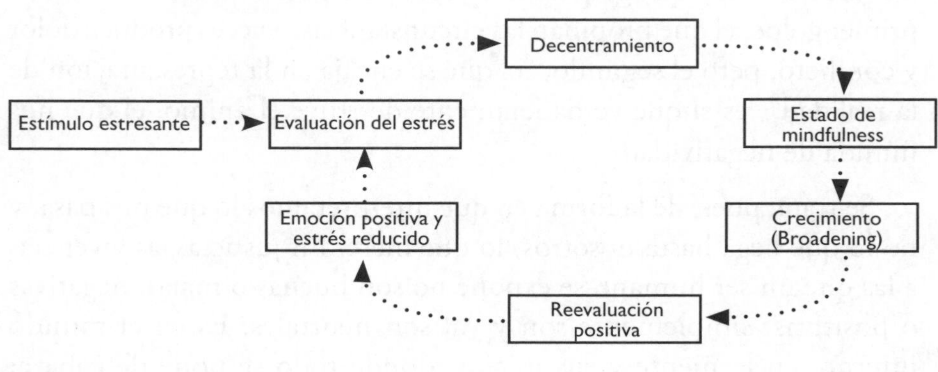

> Desde el punto de vista de este estado expandido y metacognitivo, los individuos pueden entonces más fácilmente volver a evaluar sus circunstancias y redefinir o reformularlas como significativas o incluso beneficiosos y, al hacerlo, reducir el estrés mientras se promueve la experiencia de emociones positivas, como la esperanza o el desafío" (*op. cit.*).

Ahora bien, los autores de este modelo son enfáticos: un genuino compromiso del individuo con esta práctica es necesario para que el esfuerzo se vuelva, con el tiempo, una respuesta natural; una propensión aumentada a hacer reencuadres positivos frente a diferentes estresores y eventos conflictivos, perturbadores del estado de ánimo.

Verdadero realismo

Para Seligman (1991), la gran diferencia entre el pensamiento optimista y el pesimista es esta: ambos entran en contacto con la negatividad; ambos son golpeados por el dolor, el sufrimiento, la pena y el malestar. Sin embargo, donde el pesimista cree que estos padecimientos son permanentes, absolutos y culpa de sí mismos, el optimista entiende que son realmente temporales, que habrán de pasar y terminar, que son específicos, aislados, generados por una causa o situación, y que no todo es por su culpa; que tiene la posibilidad de generar resultados distintos y cambiar las cosas. En palabras de Boris Cyrulnik (2010), "hay que golpear dos veces para producir una herida". El primer golpe, el que propinan las circunstancias, a veces produce dolor y conflicto, pero el segundo, "el que se encaja en la representación de la realidad", es el que verdaderamente destruye el ánimo, el que nos inunda de negatividad.

Se trata, pues, de la forma en que interpretamos lo que nos pasa, y no lo que llega hasta nosotros, lo que hiere. En justicia, las vivencias a las que un ser humano se expone no son buenas o malas, negativas o positivas; simplemente son y ya, son neutrales. Es en el mundo interno, en la mente y sus juicios, donde todo se pone de cabeza; donde el *prejuicio hacia la negatividad* puede tomar la ventaja, y en un bienintencionado intento por ayudarnos a sobrevivir, hacernos pasar uno de los peores ratos de la vida, y en el peor de los casos, marcarnos para siempre.

¿Sería muy atrevido pensar entonces que el optimismo es el verdadero realismo? Porque al final, ¿qué es eso, justamente, el realismo? Según el diccionario de la Real Academia Española, realismo significa "forma de ver las cosas, sin idealizarlas", es decir, verlas de forma objetiva.

El negativismo, y por ende el pesimismo que de él se desprende, no es objetivo. Depende directamente de nuestra tendencia natural a preferir la información negativa, y de las múltiples distorsiones que nuestro cerebro habrá de hacer de la información que reciben nuestros sentidos, para continuar justificando su reactividad o sus preferencias (Kurzban, 2012).

El optimismo, en cambio, parecería estar más informado en una visión objetiva de las cosas, del mundo y sus sucesos, basada en nuestra capacidad de observar el entorno, evitar el juicio, y relacionarnos con las experiencias internas y externas tal como son. Daría la impresión de que el optimismo, o dicho de otra forma, la elección de no dejarnos arrastrar por la negatividad, prefiriendo en cambio relacionarnos con el entorno, las emociones y los pensamientos con calma, desapego, aceptación y decentramiento, es una forma más genuina y honesta de ver la realidad.

Y es que hay algo que debemos tomar en cuenta: el mundo ha cambiado, y junto con él, nuestras necesidades. Efectivamente, en la Antigüedad nuestra supervivencia estaba basada en las alarmas exageradas que el miedo y la angustia habrían de activar en nuestra percepción y pensamiento, y eso estaba bien; era suficiente.

Hoy en día, en un mundo en el que hemos disminuido los índices de hambre y analfabetismo, en el que la guerra es un fenómeno aislado, en el que el racismo generalizado cada vez es menor, y en cambio la equidad es mayor (Pinker, 2012 y 2018; Rosling, 2018), los riesgos primitivos son menos, y los retos son distintos. El ser humano, en el siglo XXI y los que vienen, tendrá mucho menos que ver con sobrevivir y mucho más con prosperar. En la opinión de este autor, conforme mayores sean nuestras necesidades de colaborar entre nosotros, y más evidentes sean los beneficios de dicha cooperación, serán la confianza, la compasión, la empatía, y sí, la apertura, la aceptación, la felicidad y el bienestar, las herramientas que habremos de usar para navegar por el cada vez más complejo mundo que habremos de ir fabricando. En la actualidad, en una realidad en la que el humanismo es la tendencia más probable de evolución de nuestra especie, el optimismo es el verdadero realismo.

Todo se reduce a una elección: ¿cómo queremos vivir, y qué queremos sentir, a lo largo de esa vida?

La psicología positiva ha demostrado fehacientemente algo: llámesele como se le llame –florecer, bienestar subjetivo, o de plano felicidad–, hay una mejor forma de vivir. Una en la que disminuir el malestar es producto de aumentar la positividad. Una en la que los terapeutas que hemos de ayudar a nuestros pacientes a desprenderse del síntoma no tendremos que seguir sometidos a explorar el pasado, con la esperanza mal fundada de encontrar traumas que destrabar, y en cambio podremos enseñarles a cultivar lo bueno que ocurre a su alrededor y lo mejor que llevan dentro. Una en la que los investigadores y científicos podrán dar esperanza, válida y real, a los gobiernos del mundo, sus escuelas y sus comunidades, de que lo mejor de la Humanidad no está por venir, sino que ya está aquí, al alcance de quienes quieran tomarlo y usarlo por el bien de todos.

El *Mindfulness* es un intensificador del bienestar porque de manera práctica y verídica nos permite cambiar el discurso, la narrativa. Más allá de buenas intenciones o un positivismo falso, oportunista, muy del *new age*, se trata de una práctica objetiva que produce también transformaciones genuinas en el cerebro, en la actitud y el pensamiento; un ejercicio que, conducido a conciencia, conecta los puntos de nuestras experiencias, otorgando orden, coherencia y sentido a nuestra vida (Percy, 2008).

Efectivamente, cerrar los ojos, apretar los dientes, e invocar positividad cuando dentro de nosotros estallan el dolor, la confusión y la angustia, es absurdo. No hay fuerza de voluntad o un omnipresente deseo de "echarle ganas" que valgan lo suficiente como para lograr la proeza.

Es curioso que no haga falta tanta maroma. Un periodo de ocho semanas, dice Kabat-Zinn, de observar nuestro interior, sin juicio, es suficiente para activar un motor de bienestar dentro de nosotros. Ocho semanas solamente, frente al resto de nuestra vida, y la calidad de esta. Vale la pena intentarlo.

Si me permite el lector, me gustaría cerrar el capítulo como decimos en el medio, "autodepredándome", es decir, transcribiendo literal un par de párrafos de un trabajo anterior:

> Somos seres humanos. Somos vulnerables. El hecho de que estemos vivos implica, por deber, contrato y diseño, que habremos de morir. Eso incluye enfermar, deteriorarnos, ver partir a la gente que amamos, perder nuestras pertenencias, sufrir decepciones, tener accidentes y, por otro lado, prosperar, ganar, amar, ser amados, crear, construir, encontrar sentido a la vida, vincularnos con otros, gozar del placer. En fin, ser partícipes del maravilloso contraste que significa existir.

El pesimismo no es realismo. Es, más bien, el berrinche de un niño desesperado que se siente aterrado ante su poca, poquísima capacidad para adaptarse al mundo que lo rodea y todos sus desencantos. Es el llanto desesperado de una persona sin recursos que ha decidido conformarse con quejarse y rabiar.

El optimismo verdadero, en cambio, es la convicción silenciosa de un adulto que, templado, estable, regulado, contento, observa el mundo donde vive, las cosas que le pasan en ese lugar, y acepta que sus decisiones y juicios siempre estarán ligados a esas circunstancias; que a veces no puede controlar o cambiar lo que le ocurre, pero que definitivamente puede escoger cómo percibirlo y, sobre todo, qué hará al respecto; que sus limitaciones son parte de las condiciones de la vida y que aceptarlas, con todo lo que eso implica, lo vuelve más capaz y fuerte para enfrentarlas y superarlas; que la realidad no ha sido configurada para satisfacer todas sus demandas y que, además, eso es bueno, porque el dolor templa el espíritu y hace mucho más satisfactorios el alivio y el deleite; que la vida se acaba… que es corta, muy, muy corta, y que eso está bien.

No venimos a este mundo a tener lo que queremos, sino a participar con él, y con la gente que nos rodea, para hacerlo un lugar mejor. Si fuera fácil, no tendría ningún sentido. Así que elige el optimismo. Si la investigación es correcta, prolongarás tu vida, tu salud y te la pasarás mejor. Además, te dará aliento en los peores momentos, para que luego, cuando lleguen los mejores, suspires no sólo aliviado, sino agradecido (seguro has perdido mucho, pero si estás aquí, frente a estas palabras, convencido de que no tienes mucho que agradecer, necesitas un serio examen de objetividad).

Remueve de la ecuación al yo, a ese ego necio e insistente que quiere mantenerte infantil, asustado. Crece, madura, supérate. Amplía tu perspectiva de las cosas, mira más lejos, más profundo, elige cómo quieres vivir, cómo quieres pensar, cuál será tu siguiente movimiento y para qué vas a hacerlo (Cantero, 2017).

Referencias

Baer, R. A. (2009), "Self-focused attention and mechanisms of change in mindfulness-based treatment", *Cognitive Behaviour Therapy,* 38(S1): 15-20.

Baumeister, R. F., E. Bratslavsky, C. Finkenauer y K. D. Vohs (2001), "Bad is stronger than good", *Review of General Psychology,* (5):323-370.

________ y J. Tierney (2012), *Willpower: Rediscovering the greatest human strength,* Penguin Books, Nueva York.

Bhikkhu, B. (2000), *The noble eightfold path: Way to the end of suffering,* BPS Pariyatti Editions.

Bishop, S. R., M. Lau, S. Shapiro, L. Carlson, N.D. Anderson, J. Carmody y G. Devins, (2004), "Mindfulness: A proposed operational definition", *Clinical Psychology: Science and Practice,* 11(3):230-241.

Bowles, S. (2006), Group competition, reproductive leveling, and the evolution of human altruism, *Science,* 314:1569-1572.

Brown, K. W. y R. M. Ryan (2003), "The benefits of being present: Mindfulness and its role in psychological well-being", *Journal of Personality and Social Psychology,* 84(4):822-848.

Cantero, J. (2017), *Felicidad aquí y ahora,* Diana, Ciudad de México.

Cyrulnik, B. (2010), *Los patitos feos: La resiliencia: Una infancia infeliz no determina la vida,* Gedisa, Barcelona.

Diccionario de la lengua española (23ª edición), Espasa, Madrid.

Diener, E., M. Suh, E. Lucas y H. Smith (1999), "Subjective well-being: Three decades of progress", *Psychological Bulletin,* 125(2):276-302.

Dodge, R., A. Daly, J. Huyton y L. Sanders (2012), "The challenge of defining wellbeing", *International Journal of Wellbeing,* 2(3):222-235.

Fredrickson, B. (2011), *Positivity: Groundbreaking research to release your inner optimist and thrive,* Oneworld, Oxford.

Garland, E. L., S. Gaylord y B. L. Fredrickson (2011), "Positive reappraisal mediates the stress-reductive effects of mindfulness: An upward spiral process", *Mindfulness,* 2(1):59-67.

Gottman, J. M. y N. Silver (2015), *The seven principles for making marriage work: A practical guide from the country's foremost relationship expert,* Harmony Books, Nueva York.

Gu, J., C. Strauss, R. Bond y K. Cavanagh (2015), "How do mindfulness-based cognitive therapy and mindfulness-based stress reduction improve mental health and wellbeing? A systematic review and meta-analysis of mediation studies", *Clinical Psychology Review,* (37):1-12.

Hayes, S. C., K. D. Strohsahl y K. G. Wilson (1999), *Acceptance and commitment therapy: An experiential approach to behaviour change,* Guilford Press, Nueva York.

Hervás, G., A. Cebolla y J. Soler (2016), "Intervenciones psicológicas basadas en mindfulness y sus beneficios: Estado actual de la cuestión", *Clínica y Salud,* 27(3):115-124.

Hölzel, B. K., S. W. Lazar, T. Gard, Z. Schuman-Olivier, D. R. Vago y U. Ott (2011), "How does mindfulness meditation work? Proposing mechanisms of action from a conceptual and neural perspective", *Perspectives on Psychological Science,* (6)537-559.

Ivtzan, I. y T. Lomas (2016), *Mindfulness in positive psychology: The science of meditation and wellbeing,* Routledge, Abingdon, Oxon.

James, W. (1902), *The varieties of religious experience,* Longmans, Green and Co., Edenborough.

Kabat-Zinn, J. (1982), "An outpatient program in behavioral medicine for chronic pain patients based on the practice of mindfulness meditation: Theoretical considerations and preliminary results", *General Hospital Psychiatry,* 4(1):33-47.

________, J. (2003), "Mindfulness-Based Interventions in Context: Past, Present, and Future", *Clinical Psychology: Science and Practice,* 10(2):144-156.

Kurzban, R. (2012), *Why everyone (else) is a hypocrite: Evolution and the modular mind,* Princeton University Press, Princeton y Oxford.

Longo, Y., I. Coyne y S. Joseph (2017). "The Scales of general well-being", *Personality and Individual Differences,* (109):148-159.

Lyubomirsky, S., K. M. Sheldon y D. Schkade (2005), "Pursuing happiness: The architecture of sustainable change", *Review of General Psychology,* 9(2):111-131.

________, S. (2010), *The how of happiness: A practical approach to getting the life you want,* Piatkus, Londres.

Maslow, A. H. (1968), *Towards a psychology of being,* Van Nostrand Reinhold, Nueva York.

Neff, K. D. (2003), The development and validation of a scale to measure self-compassion, *Self and Identity,* 2(3):223-250.

Oehman, A., D. Lundqvist y F. Esteves (2001), "The face in the crowd revisited: A threat advantage with schematic stimuli", *Journal of Personality and Social Psychology,* (80):381-396.

Parks, A. C. y R. Biswas-Diener (2013), "Positive interventions: Past, present, and future", En T. B. Kashdan y J. Ciarrocchi (eds.), *Mindfulness, acceptance, and positive psychology: The seven foundations of well-being* (pp. 140-165), Context Press/New Harbinger Publications, Oakland, CA.

Percy, I. (2008), "Awareness and authoring: The idea of self in mindfulness and narrative therapy", *European Journal of Psychotherapy & Counselling,* 10(4):355-367.

Pinker, S. y J. S. Chic (2012), *Los ángeles que llevamos dentro: El declive de la violencia y sus implicaciones,* Paidós, Barcelona.

________ (2018), Enlightenment now: A manifesto for science, reason, humanism, and progress, Allen Lane, S.l.

Pollard, E. y P. Lee (2003), "Child well-being: a systematic review of the literature", *Social Indicators Research,* 61(1):9-78.

Raichle, M. E., A. M. Mac Leod, A. Z. Snyder, W. J. Powers, D. A. Gusnard y G. L. Shumlan (2001), "A default model of brain function", *Proceedings of the National Academy of Sciences,* (98):676-682.

Rosling, H. y A. R. Rönnlund (2018), *Factfulness Ten reasons were wrong about the world and why things are better than you think,* Sceptre, Londres.

Rozin, P. y E. B. Royzman (2001), "Negativity bias, negativity dominance, and contagion", *Personality and Social Psychology Review,* (5): 296-320.

Ryff, C. D. (1989), "Happiness is everything, or is it? Explorations on the meaning of psychological well-being", *Journal of Personality and Social Psychology*, (57):1069–1081.

Sapolsky, R. M. (1998), *Why Zebras Don't Get Ulcers,* W. H., Nueva York.

Seligman, M. E. (1991), *Learned optimism*, Knopf, Nueva York.

________ (2002), *Authentic happiness: Using the new positive psychology to realize your potential for lasting fulfilment,* Nicholas Brealey Publishing, Nueva York.

_______ (2011), *Flourish: A visionary new understanding of happiness and well-being,* Atria, Nueva York.

Siegel, D. J. (2011), *Mindsight: The new science of personal transformation,* Bantam Books Trade Paperbacks, Nueva York.

Singer, P. (2011), *The expanding circle: Ethics, evolution, and moral progress,* Princeton University Press, Princeton.

Shapiro, S. L., L. E. Carlson, J. A. Astin y B. Freedman (2006), "Mechanisms of mindfulness", *Journal of Clinical Psychology,* 62(3):373-386.

Wright, R. (2018), *Why Buddhism is True: The science and philosophy of meditation and enlightenment,* Simon y Schuster, S.l.

Young, T. (2016), Additional Mechanisms of Mindfulness How does mindfulness increase wellbeing?, en: I. Ivtzan y T. Lomas (eds.), *Mindfulness in positive psychology*, Routledge, Abingdon, Oxon.

Acerca de los autores

Doctora Luz de Lourdes Eguiluz Romo: Psicóloga, maestra en terapia familiar y doctorado en investigación psicológica. Profesora titular de Psicología, de la Maestría en Terapia Familiar y el Doctorado en Psicología en la FES Iztacala, UNAM. Fundadora y docente de la maestría en Terapia Familiar en la UATXX. Más de 60 artículos publicados, así como nueve libros sobre Metodología de la Investigación, Teoría Sistémica, Familia, Parejas y Suicidio. Cofundadora del Diplomado de Psicología Positiva de la FES Iztacala, UNAM. Fundadora del Programa Crisis, Emergencias y Atención al Suicidio (CREAS).

Maestro Raúl Jiménez Guillén: Académico emérito de la Universidad Autónoma de Tlaxcala. Autor, editor y/o compilador de 35 libros en las áreas de educación, familia y políticas públicas. Desarrolla una carrera paralela en los medios de comunicación y la participación social. Dirige el periódico La Jornada de Oriente-Tlaxcala y el programa radiofónico Disonancias. Actualmente coordina los talleres para la promoción del envejecimiento exitoso en la Facultad de Ciencias para el Desarrollo Humano.

Doctora María Luisa Plasencia Vilchis: Psicóloga, terapeuta familiar. Cuenta con estudios en Terapia Breve Sistémica en el Mental Research Institute en Palo Alto, California. Cofundadora del Diplomado de Psicología Positiva de la FES- Iztacala, UNAM. Coordina el Diplomado de Psicología Positiva en la UDLA, Ciudad de México. Es socia fundadora de la Sociedad Mexicana de Psicología Positiva. Docente en diversas universidades, brinda supervisión a terapeutas en formación, imparte cursos y conferencias. Realiza investigación en torno al suicidio, la familia y las fortalezas. Autora de diversos artículos.

Maestro en Ciencias Javier Juárez Carreón: Médico egresado de la UNAM con especialidad en medicina familiar. Ha realizado estudios de posgrado en terapia familiar sistémica, psicología de la salud y psicología positiva en la UNAM. Es miembro del cuerpo docente de los Diplomados de psicología positiva en la FES Iztacala y en la UDLA Campus Ciudad de México. Su interés actual es el estudio de la salud positiva, para conocer la relación entre la fisiología humana, el bienestar subjetivo y las emociones en el proceso de salud y enfermedad. Es socio fundador de la Sociedad Mexicana de Psicología Positiva.

Doctor Eugenio M. Saavedra Guajardo: Licenciado en Psicología de la Pontificia Universidad Católica de Chile, Magíster en Investigación de la Universidad Academia de Humanismo Cristiano en Chile, Doctor en Educación por la Universidad de Valladolid en España, Terapeuta Cognitivo (Inteco), Psicólogo Clínico Acreditado. Profesor Titular de la Universidad Católica del Maule (UCM), donde ejerce como docente e investigador de 1994 a la fecha. Investigador asociado del Centro de Estudio y Atención del Niño y la Mujer (CEANIM Chile). Autor de 32 libros y capítulos de libros y 50 artículos en revistas académicas, en las áreas de Resiliencia, Juventud y Psicología Educacional.

Doctora Ana Castro Ríos: Trabajadora social, titulada en la Pontificia Universidad Católica de Chile, Master en Educación para el Trabajo Social por The Catholic University of America, Washington D.C., Estados Unidos. Doctora en Estudio de las Sociedades Latinoamericanas, Mención Sociología, por la Universidad ARCIS - Chile. Sus líneas de desarrollo e investigación se concentran en los temas de Familias, Familias rurales, Resiliencia, Género, Mediación Familiar e Investigación Cualitativa.

Magíster Cristián Varas Amer: Profesor de Educación Física de la Universidad Católica del Maule (UCM), Licenciado en Educación, Diplomado en Psicomotricidad Educativa, Magíster en Educación y Magíster en Educación Física en la UCM. Actualmente se desempeña como Coordinador de Deportes y Recreación en la UCM Sede Curicó en Chile.

Licenciada Sandra Guadalupe Colín González: Psicóloga, realizó estudios de posgrado en terapia familiar sistémica y psicología positiva en la FES Iztacala, Diplomado en Psicología Educativa en la Universidad Pedagógica. Laboró durante 31 años en Estancias Infantiles del ISSSTE y ha trabajado en consulta particular por 27 años. Ha realizado investigación en familias que funcionan, educación positiva y organizaciones positivas. En el área deportiva fue atleta de alto rendimiento en marcha y actualmente se desempeña como Juez de Marcha.

Maestro Jorge Cantero López: Psicólogo clínico. Desde hace 19 años ejerce como psicoterapeuta independiente, ofreciendo terapia a adultos, adolescentes y parejas. Coach en Mindfulness, conferencista y capacitador en temas de desarrollo humano. Es invitado regular en el programa Diálogos en Confianza del canal Once y en algunos programas de radio del Grupo Radiofórmula. Al día de hoy ha publicado tres libros de interés general: Felicidad aquí y ahora, Enfréntate al miedo y Regreso al origen.

Doctora Margarita Tarragona Sáez (prologuista): Doctora en Psicología por la Universidad de Chicago, especialista en Psicología Positiva. Actual presidenta de la Sociedad Mexicana de Psicología Positiva y docente de psicología positiva para la Universidad de Pennsylvania. Miembro del Consejo Consultivo de la IPPA (International Positive Psychology Association) y Miembro honorario del Centre for Positive Psychology de la Universidad de Melbourne, Australia. Terapeuta, coach, conferencista y autora de diversas obras entre las que destaca su libro más reciente: *Tu Mejor Tú* (2014, Alianza Editorial).

Esta obra se terminó de imprimir
en septiembre de 2019, en los Talleres de

IREMA, S.A. de C.V.
Oculistas No. 43, Col. Sifón
09400, Iztapalapa, D.F.

